右腕を失った野球人

佐野慈紀
元近鉄バファローズ投手

KADOKAWA

右腕を失った野球人

右腕を失った野球人

【目次】

序章

野球人生を支えてくれた右腕との別れ

第1章

史上初・年俸1億円の中継ぎ投手

第2章

39歳で糖尿病発症 79

第3章

そして、右腕切断へ……

109

第4章

復活のピッカリ投法 143

終章

家族、そして親友・野茂英雄に伝えたいこと 173

序　章

野球人生を支えてくれた右腕との別れ

運命の日を迎えた5月1日の朝

いつものようにあまり眠れないまま、5月1日の朝がやって来た。

いよいよ自分の人生を支え続けてくれた右腕に別れを告げる当日を迎えた。

右腕のヒジ上部までを切断することが決まったのは、奇《く》しくも56歳の誕生日前日のことだった。3日前には、糖尿病の影響による感染症拡大を防ぐため、過去に味わったことのない身の毛もよだつような痛みに耐えながら、2023年12月に切断した右手人差し指と中指の患部の洗浄をしてもらっていた。だが感染症は、右手甲および手首をもむしばみ、遂に病院の先生から右腕の切除を相談されたのだ。

今振り返っても心の準備をする暇などなく、まさに怒濤《どとう》の波にのみ込まれるように時間だけが経過していった。改めて糖尿病の恐ろしさを痛感するばかりだ。

それでも、外見上は普段通りの自分でいられたし、ベッドの上でゆっくりと手術の時間まで待てていたように記憶している。この期に及んでも、自分の真骨頂ともいえる究極の「強がり」を発揮していたのだと思う。
まさに無死満塁の場面でマウンドに上がるときの心境そのもので、「あとはなるようにしかならない」と開き直っていた。ちなみにこの強がりこそが、いい意味でも悪い意味でも常に自分の人生を左右し続けてきた。それについては追々説明していきたい。

先生との話し合いで、右腕切断は避けようがない現実を突きつけられ、その上で切断箇所の相談を受けた。彼の説明によると、ヒジを残して前腕部分だけを切断するか、ヒジの上部から切断するか、２つのオプションがあるということだった。ただヒジを残した場合、感染症を抑えきれず、繰り返し感染部分を切除し続けなければならない可能性も指摘された。それならば「ヒジ上部から切断しましょう」と自分の考えを伝えた。その時点で自分の覚悟を固めることができたのかもしれない。

ヒジ上部から切断しようと決めたのは、感染症にむしばまれていく流れを何とか断ち切りたい思いが強かったからだ。またこのまま感染症の進行を止められなければ、さらに上腕や肩も切断する可能性があると聞かされた。

「肩まで失うようなら、もう生きていけねぇわ」

これまで野球をやってきたことまで否定されてしまうような感情が湧き上がった。絶対に肩は失いたくないという決意の表れでもあった。

ただその一方で、他人にぶつけることはなかったが、たとえようのない理不尽さも感じていた。２本の指を切断してからも、毎日洗浄をしてもらっていたし、感染症拡大に注意しながら病院で過ごしていた。それでも徐々に右手甲、手首と腫れ始め、患部には膿《うみ》が溜《た》まるようになっていった。自分でも感染症が広がっているのは理解できていたし、ただ経過を見守るしかない自分が虚しくもあった。

ベッドの上で淡々と手術の時間を待つ一方で、すでに2本の指を失った右手と右腕を見つめながら、心の中で何度も「これまで支えてくれてありがとう。こんな結果になってしまって本当にごめんなさい」と感謝と謝罪を交互に伝え続けていた。

右腕を失う覚悟は決まっていたとはいえ、自分の野球人生を支え、ともに闘ってくれた証でもあるトミー・ジョン手術の痕も失ってしまうことに、この上ない悲しさを感じていた。正直にいえば、右腕を切断することを素直に受け入れられたわけではなかったし、心底別れるのが辛《つら》かった。その思いは今も変わっていない。

そんな複雑な心境を抱きつつ、時間はゆっくりと、そして確実に経過していった。そして昼頃（正確な時刻は記憶に残っていない）に看護師さんから「手術室から連絡がありましたよ」と伝えられ、手術着に着替えた後、手術室に向かう車椅子に座った。

ブログに書き込まれたメッセージに励まされる

話は多少前後するが、右腕切断を決めた後、「56歳」というタイトルでブログを更新した。誕生日を迎えた報告と、翌日に右腕を切断することになった報告。さらに右腕に支えられてきた野球人生を振り返り、これまでの病状報告も書き綴《つづ》った。

入退院を繰り返し糖尿病の長期闘病生活を強いられる中、なかなかブログが更新できない生活が続いていた。そんな状況ではあったものの、将来的に実生活に復帰した際、人に会うたびにこれまでの経緯を説明するのは大変だと感じていた。

そのため、自分自身に対する備忘録の意味合いを兼ねて、何か大きな出来事があった際はなるべく記憶が鮮明なうちに自分の思いをブログに認《したた》めるようにしていた。

またブログを更新する行為そのものが、自分の境遇を客観的に見つめることにつながり、精神を安定させてくれる要素があったと感じている。

実際、2本の指を切断する際もブログを更新していた。

なので、右腕を失う事になった今回も「一応ブログに残しておこう」という程度だったので、そこまで細かく書くつもりはなかった。だが書き進めているうちに色々な記憶が蘇《よみがえ》り、「これも書いておこう、あれも書き留めておこう」と感情が赴くまま書き進めた結果、かなりの長文になってしまった。

不定期なブログ更新にもかかわらず、毎回読者の人たちがいろいろなコメントを残してくれた。それらを読ませてもらう中で、自分と同じような境遇に身を置き、糖尿病と闘っている人が多く存在することを知っていた。彼らに対して、自分なりのメッセージを届けたい気持ちも込めて書いていた。

誕生日に更新したブログは、多くのメディアに取り上げてもらい、Ｙａｈｏｏ！ニュースで扱われるほどの注目を集めることになった。そのお陰でブログには、自分でも驚くほど多くのメッセージが寄せられた。

この頃の自分は、夜になるとどうしても様々な思い、感情が頭の中を駆け巡ってしまい、なかなか寝つけない日々を過ごしていた。普段ならネットサーフィンや動画視聴で時間を潰しながら眠気がくるのを待つのだが、この夜は次々に更新されるメッセージをチェックしながら過ごしていた。

そうしたメッセージを読んでいるうちに、間違いなく徐々に勇気づけられていった。同じ境遇の人から「自分も頑張ります！」というようなメッセージがいくつもあり、自分の背中をかなり押してくれたと感じている。改めて激励メッセージを残してくれた皆さんに、感謝の言葉を伝えたい。

看護師がもたらしてくれた安らぎ

手術室に向かう途中で、安らぎを与えてくれる出来事があった。

移動中も感情的には比較的落ち着いていたのだが、当然ながら緊張感もあった。全身麻酔で手術を受けることに、若干の不安を感じていた。というのも、少し前に受けたカテーテル手術（詳細は後述）の後に、突如アナフィラキシーショックを起こしてしまい、周囲を慌てさせる事態を起こしていたからだ。

担当医の説明によると、カテーテル手術を行うために使用した造影剤に反応してしまったらしい。今回は造影剤を使用しないと理解していたが、一方で、これまで造影剤の影響でアナフィラキシーショックを起こしたことなど一度もなかったため不安は募った。全身麻酔の手術も初めてではなかったが、現在の自分の体調では何が起こるか分からない。漠然とした不安を拭い去ることができなかった。

それと自分の性格的に、担当してもらう医師や看護師の雰囲気を結構気にしてしまうところがある。ちょっと悪い表現をすれば、人物を品定めしてしまい、自分の中で安心できる人とそうでない人を区分けする傾向がある。今回の手術で初めて会う麻酔医はどちらのタイプなのか。そういう不安も心の奥底に抱いていた。

そんな精神状態で手術室に向かう途中で、見知らぬ看護師さんが合流し、「今日はご一緒させていただきます」と挨拶してくれた。直後に、「えっ、もしかして佐野《さの》さん?」とやや怪訝《けげん》そうな顔で声をかけてくれた。そこで「はい、本物の佐野ですよ」と返したら、何ともいえない表情を浮かべていた。

移動しながら看護師さんの説明を聞くと、自身が勤務する病院に、自分が入院していることをまったく知らなかったそうだ。その一方で、Ｙａｈｏｏ！ニュースで佐野が右腕を切断することを知ったらしく、「今日担当する患者さんも似たような手術を受けるな」と考えていたそうだ。いざ患者さんの元にやってきたら、その人が佐野慈《しげ》紀《き》だったので面食らったということだった。

あまりの素っ頓狂な出来事に、もう笑うしかなかった。

その場の雰囲気はすっかり和み、自分が抱いていた緊張や不安はすべて吹き飛んでいた。

そんな爽やかな心持ちのまま手術室に入ることができた。

不安材料の1つだった麻酔医もすごく感じのいい人だったので、さらに安堵《あんど》することができた。すっかり、ピンチの場面でマウンドに上がったときのような開き直り状態になり、あとは手術をしてくれる先生たちに委ねるだけだった。手術室に顔を揃《そろ》えていた彼らに「よろしくお願いしまーす！」と軽妙に挨拶し、手術台の上に寝転んだ。

手術直後はパニック状態に

麻酔から目を覚ますと、自分のベッドの周りを大勢の人たちが取り囲んでいた。正確な人数は記憶していないが、担当医、手術を担当した整形外科の先生、これまで感染症の処置をしてくれていた形成外科の先生、それと麻酔科の先生や看護師さんも数人いたと思う。

もちろん彼らは術後の経過を確認するために、自分が目を覚ますまで待機してくれていたのだが、目が醒《さ》めた瞬間はその状況を理解することができなかった。手術を受けた記憶もないのに、自分の身体を見てみると右腕がなくなっている。何が起こったのかまるで理解できなかった。さらに、こんなに人が集まっているから「手術前に何か問題が起こってしまったのか？」と動揺し、完全にパニック状態に陥ってしまった。

何が何だか分からないままベッドから起き上がろうとすると、先生方が「起き上がってはダメです。安静にしていてください」と制止した。それがますます自分を慌てさせてしまい、「何？　何？　何？　とにかく何も分からん！」と叫びながら、何度も起き上がろうと試み、それを先生や看護師さんに窘《たしな》められるやりとりを繰り返して

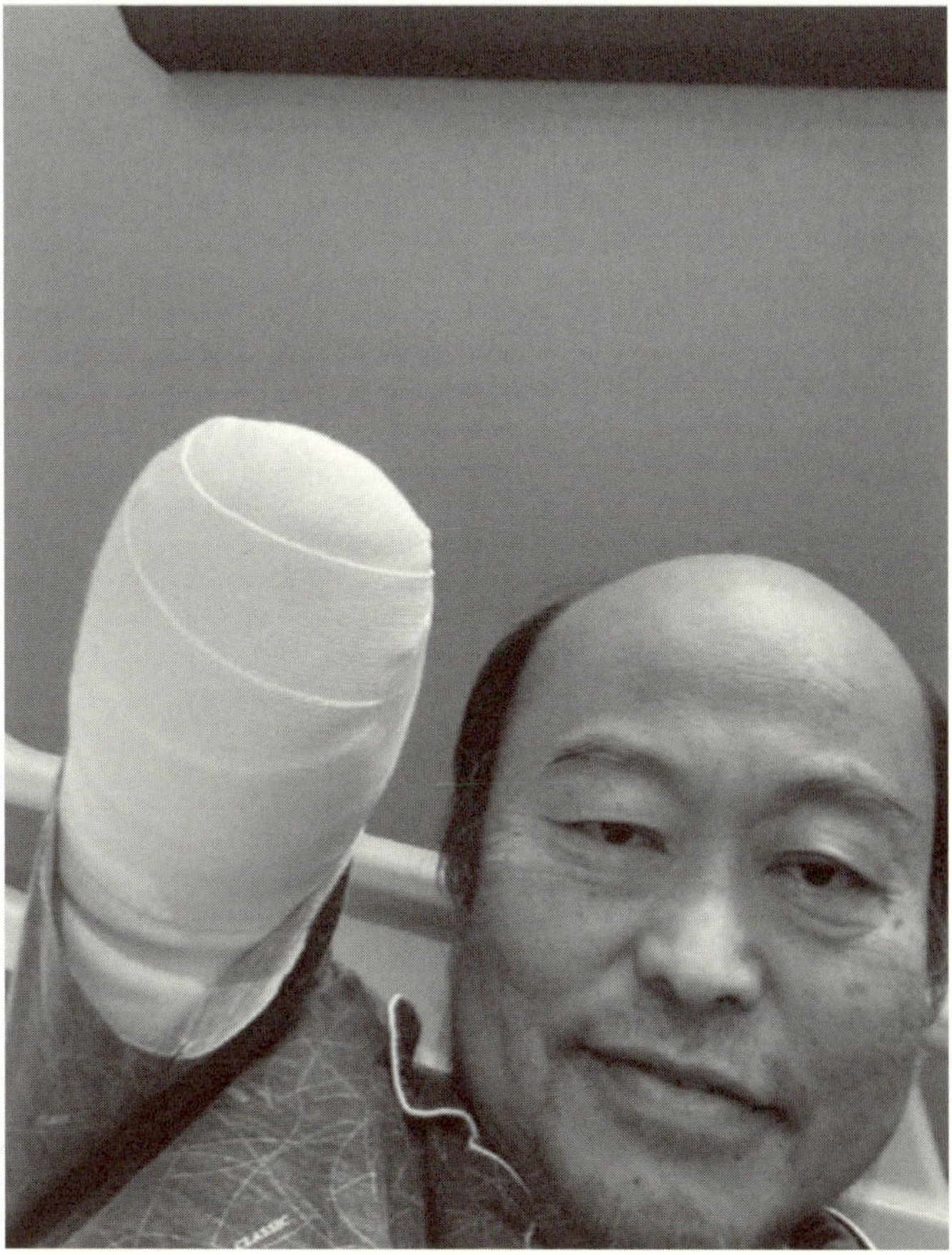

右腕切断の手術後はパニック状態に陥ってしまった

いた。おそらく10~15分ほどパニック状態が続いたと思う。

そんなすったもんだを繰り返している中で、1人の女性が「佐野さん、私のことは憶《おぼ》えてる? ウナギの話したやん」と声をかけてきた。声の方向に目をやると、すぐに彼女が日頃お世話になっていた滋賀出身の医師だと理解することができた。彼女が関西弁で話しかけてくれたことで、彼女の言葉が自分の中にスッと入ってきたのだと思う。

「憶えてる、憶えてる! そうやな、ウナギの話をしたやんな。そうや。した、した、した! ちょっと待って、ちょっと待って! 落ち着く、落ち着くわ!」と一気にまくし立て、徐々に落ち着きを取り戻していった。

自分が落ち着き始めたのを確認すると、誰かが「手術は無事に終わりましたよ」と声をかけてくれた。

「あ、そうなんですね。分かりました」

自分の置かれた状況を何とか認識し、ようやくベッドに横たわることができた。

何度も幻覚に襲われ「自分は死んでしまったのか?」と錯覚

だが、それ以降も完全に落ち着きを取り戻すことはできなかった。

うたた寝から目を覚ます度に、幻覚に襲われることになった。

腕がなくなったのにまだあるような感覚が生じたり、時には腕がかゆくなる感覚に見舞われたりもした。

また目を閉じると、手術前の出来事がフラッシュバックし、次から次へと自分の身に起こったことが頭の中を駆け巡った。

そんな状況が続き、身体はかなり疲れ切っていた。

ベッドから起き上がるどころか、身動きがまったく取れなくなっていた。

ただ同じ病室の患者さんや看護師さんの声が聞こえてくるだけだった。

徐々に不安が増していき、再び軽いパニック状態に陥ってしまった。

少しオカルティックな話になってしまうが、死を迎えようとする人は自分の人生がフラッシュバックすると言われている。ますます不安が強くなっていくうちに、実は自分はすでに死んでしまったのではないかと思い始めていた。


すでに自分の意識が身体から離れ、病室内を浮遊している状態。

だから看護師さんも自分に話しかけてくれないんだと……。


何とか自分の状況を確認したいと思う一方で、看護師さんに聞くのもちょっと怖い。無視されて自分が本当に死んでしまったと分かったらどうしようという不安があった。

そんな中、見覚えのある看護師さんが側に来たので勇気を出して呼び止めたところ、その声に反応して僕のところに歩み寄ってくれた。

それでも自分は死んでいると疑心暗鬼になっていたので、誰かが見送りに来ているかもしれないと思い、看護師さんに尋ねた。
「誰か面会に来ましたか？」
パニック状態からはまだ脱していなかった。

看護師さんを呼び止めたのが夜の11時だったこともあり、その返答は「来ていたとしても、この時間だから帰ってしまったんじゃないですか」だった。普通ならこれで納得できるのだろうが、パニック状態の自分は、自分が生きているかどうかの明確な返事をもらえていないと感じ、不安を解消できずにいた。

そんな自分の表情を察したのか、今度は看護師さんの方から「どうしたんですか、佐野さん、大丈夫ですか？」と声をかけてくれた。「今自分はどこにいるの？」と尋ねたところ、「ＨＣＵにいます」との言葉が返ってきた。

続けざまに「ＨＣＵって何なの？」と確認したら、看護師さんは一般病棟とＩＣＵの中間に位置する治療室であること、ＩＣＵに入るほどではないが、要経過観察の状態であることを丁寧に説明してくれた。

この説明で、手術が成功し、自分は無事に生還していると認識することができた。それを機にようやく安堵感が込み上げてきた。

安心できたことで看護師さんに「実はオレ、死んだと思ってた」と本音を漏らしてみた。

「そんなことないから大丈夫ですよ」と念を押してくれた。

何とか頭の中を整理することができ、改めて自分が右腕を切断したことを認識するに至った。そして上腕だけになった右腕を見ながら、心の中でもう一度「ごめんな」と謝罪していた。

第1章

史上初・年俸1億円の中継ぎ投手

NO BASEBALL NO LIFE

今回、KADOKAWAさんからのオファーを承諾するにあたり、個人的に考えていたことが2つある。

1つ目は、自分と同じように糖尿病と闘っている人たちに勇気を与えたい。

2つ目は、糖尿病の恐ろしさを世の中に広く認識してもらいたい。

序章でも書いたように、右腕の切断をブログで公表したことが、おかげさまで大きな反響を呼ぶことになった。実はたくさんの激励、応援メッセージが届き勇気づけられた一方で、糖尿病の実情を理解していると思えない人から心無いメッセージも届き、かなり落胆したりもしていた。

現在、ブログを更新する度に「糖尿病は恐ろしい」というフレーズを必ず加えるようにしているのは、少しでも多くの人に糖尿病に関する正しい知識を持ってもらい、自分だけでなく、糖尿病と対峙《たいじ》している人たちを見守ってほしいという思いからだ。

後の章で自分の闘病生活を包み隠さずさらけ出すが、糖尿病と診断されて以降、不摂生をしたことなど一度もない。楽観視していた面が多少あったとはいえ、しっかり病気と向き合いながら日々生活してきたつもりだ。しかし担当医たちの協力を受けながらも、感染症の進行を止められず右腕を切断せざるを得なくなった。

厚生労働省が公表している2023年データによると、現在552万3000人の人たちが糖尿病の治療を受けているそうだ。いつでも、そして誰でも糖尿病と診断されてもおかしくない病なのだ。

そこで、糖尿病と対峙してきたこれまでの闘病生活を知ってもらうだけでなく、糖尿病と診断される以前にどんな生活をしていたのかも理解してもらう必要があると考えた。そして佐野慈紀という人間を語る上で、絶対に欠かすことができないのが野球だ。野球こそが常に自分の人生を支えてくれた。それは右腕を失った現在も変わることはない。

この章では、野球を通じて佐野慈紀がどのように形づくられていったのかを紹介していきたい。直接、糖尿病とは関係ない部分もあるが、少しお付き合い願いたい。

スパルタ指導を嫌い小学生時代は校内ソフトボールクラブに

この本を手に取ってくれた皆さんは、佐野慈紀という人間をどの程度知ってくれているのだろうか。現役を引退したのは2003年とかなり前のこと。引退後にOB戦などのイベントで披露し続けている「ピッカリ投法」（振りかぶった際に帽子を飛ばし自慢のハゲ頭を披露する投法）がトレードマークなので、お笑い枠のプロ野球選手OB

として知ってもらえていたかもしれない。

ただ少しだけ自慢をさせてもらうと、この章のタイトルにあるように、実はプロ野球史上初めて、中継ぎ投手として年俸1億円の大台を突破したことで注目されたことがある。しかもケチで有名だった近鉄バファローズ所属だったのだから尚更《なおさら》だったと思う。

現役時代の自分は、175センチ、87キロ。プロ野球選手ではあったが、一般社会を含めどこにでもいる中肉中背のおっさんでしかなかった。

それでもある程度の成績を残せたのは、若い頃から真摯に野球に取り組んでいたからだと考える人がいるかもしれない。

だが実際のところ、大学に入学するまではそれほど真剣に野球と向き合っていなかったし、ピッチャーを始めた当初は基礎知識すら持ち合わせていないド素人だった。

小学生時代も目立つような体格ではなかったが、運動神経はよかったと思う。足もある程度速かったので（50メートル走は7秒前半くらいだったと記憶している）、運動会ではリレーのアンカーに選ばれていた。ただし、長距離走は大嫌いだった。

短距離走だけでなく、スポーツ全般をそつなくこなしていたと思う。水泳も、クロールはあまり得意ではなかったが、平泳ぎが得意でみんなと競争しても負けたことはなかった。それと当時はミニバスケが流行っていて、小学生ながら選抜チームに入ったこともあった。

もちろん野球は好きだったし、興味もあったので、地元チームの試合を見学したこともあった。でも、その試合に負けた後、選手全員がケツバットをされている光景を目撃し、すっかり嫌気がさしてしまった。そこで、友だちが多く集まっていた小学校のソフトボールクラブに入ることにした。

ソフトボールクラブではピッチャーを任されたのだが、大会でいきなり5者連続四球を与えてしまい、押し出しで失点する屈辱を味わったことがあった。あまりに悔しかったので試合後は号泣。もうピッチャーはやりたくないと思い、内野手に回してもらった。

オジー・スミスに憧れながらも中学野球部で投手に

中学校入学当初は、野球部かバスケ部かで悩んでいた。基本的には野球の方が好きだったのだが、ミニバスケをやっていたこともあり、バスケに対する興味も少なからずあった。だがバスケ部の方がハードな練習をすることが分かり、あっさり野球部に入る決断をしたのだった。

いよいよ本格的に野球を始めることになったわけだが、当時の自分はピッチャーよりも内野手をやりたかった。ソフトボールクラブで内野手に回してもらったのも、内野手に興味があったためだ。

実は小学生の頃からオジー・スミス（ゴールドグラブ賞を通算13回受賞し、2002年に殿堂入りを果たしたMLB屈指の名遊撃手）に憧れていて、彼のような躍動感のある華麗な内野手になりたいと思っていた。ただ、ショートをやらせてほしかったのに、チーム事情なのかサードに回されてしまった。

チームにはエース格のピッチャーがいた。中学生ながら身長180センチを上回るサウスポーで、球もめちゃくちゃ速かった。そのため、自分がピッチャーをやることはないだろうと高をくくっていたのだが、このピッチャーが試合になるとなかなかストライクが入らない。これでは野球にならないということで、チーム内でも地肩が強かった自分がやることになった。これが投手人生の始まりだった。

いざピッチャーをやってみると、そこそこ投げられた。球種は真っ直《す》ぐとカーブだけだったが相手打者を抑えることができた。自分が投げ続けるうちに、徐々に地元で強豪チームとして認知され始めたりもした。

中学最後の総体で負けてしまった後、また別のスポーツに手を出したこともあった。急きょ校内でハンドボールチームが結成され、自分も主力選手としてメンバー入りし、四国大会まで進出している。

だが四国大会の1回戦で、立て続けに反則行為をしてしまい退場処分に。チームを指導していた先生に「もう二度とお前を使わない！」とめちゃくちゃ怒られた。それ以降は1試合も出場できず短いハンドボール人生が終わりを告げることになった。

話を野球に戻そう。

ある大会で自分が投げている試合を、愛媛県屈指の強豪校だった松山商業の校長先生が観戦してくれていた。そして試合後自分を見つけると、「松山商業を受けてみないか」と声をかけてくれたのだ。

自分のような愛媛の田舎育ちで全然勉強してこなかった子どもは、私立高校に進学するのが自然の流れだった。それが公立の名門・松山商業の校長先生が直々に声をかけてくれたのだから、すっかり有頂天になってしまった。もちろん両親も大賛成してくれたので、勇んで松山商業のトライアウトを受験。中学時代の先輩が松山商業でキャプテンをしており偶然の再会を果たすと、彼も熱心に誘ってくれたのが嬉《うれ》しかった。トライアウトの結果もよく、無事に松山商業へ進学することができた。

ちなみに小中学時代の自分は、特別に目立つ存在ではなかったものの、健康優良児で病気など一切したことがなかった。

最後まで外野手兼控え投手だった松山商業時代

松山商業に入学できたものの、ピッチャーとして大成したわけではなかった。今になって振り返ってみても、決して熱意を持って野球に取り組んではいなかった。

小学生時代にスパルタ指導が嫌でソフトボールクラブに入ったときと同様に、強豪校ならではの上下関係に馴染《なじ》めなかったし、鬱陶《うっとう》しさも正直感じていた。レギュラーになりたいとか、甲子園に行きたいという野心めいたものはまるでなく、仲間と一緒に楽しみながら自分の野球をやりたいと考えていた。

なので高校3年間はとにかく目立たないように過ごしていたし、ベンチ入りできればいいという程度に考えていた。ただチャンスを与えられたのなら、それに応えねばならないとは思っていた。

だからサードに空きが出たときに、監督からポジション争いをしろと言われても、練習がキツかったのでそれほどムキになることはなかったし、ピッチャーで試合に出してもらっても、2巡目になると打たれてしまったり、鳴かず飛ばずの状態を続けていた。監督も「お前ほど暖簾《のれん》に腕押しみたいな選手はおらんな」と呆《あき》れていたくらいだ。

高校時代の面白エピソードを少し紹介しておきたい。

中学時代からポジションはピッチャーだったが、ボールの握り方を含めて周りの人から何かを教えてもらった経験はなく、すべて独学だった。松山商業に入学してしっかり指導を受けるようになり、「真っ直ぐはこうやって投げるんだ」と教えてもらった。そこで初めて、自分はこれまでボールの縫い目に指をかける、いわゆるツーシームを投げ続けていたことを知ったのだった。

当時はまだフォーシーム、ツーシームの概念はなかったものの、他のピッチャーと真っ直ぐの握り方が違っていたことにビックリ。それ以降、一応フォーシームにチャレンジしてみたものの、なかなかしっくり来なかった。結局、高校3年間、状況によっては密《ひそ》かにツーシームを投げ続けていた。さらに、左打者の内角に投げるときはカットボール（当時の呼び方なら「真っスラ」）になっていたと思う。

高校時代の自分は球速にさほどこだわりがなく、130キロ中盤程度だった（ただ甲子園で投げたときは140キロを超えていたらしい）。それでも抑えることができたのは、ツーシームを投げていたからだと思う。

キャッチボールのときもツーシームを投げていたので、チームメイトも「佐野の投げるボールはきれいな回転じゃないな」と感じていたのではないだろうか。

高校3年の最後の夏の大会を迎える前でさえもポジションは定まっていなかったが、自分の意思でピッチャーに戻ることにした。理由は、野手だと地獄のような個人ノックをやらなければならなかったから。1人でノックを受け、とにかく必死にボールを追いかけ続けなければならない。それが嫌で仕方がなかったので、走って投げるだけのピッチャーに戻してもらおうと監督にお願いしにいった。でも監督の答えは「両方やれ」。ということで夏の大会は、外野手兼控え投手としてベンチ入りすることになった。

ピッチャーだけでなく外野手としても、完全に控え扱いだった。

高校野球の場合、練習試合が組まれると必ずといっていいほど2試合実施され、1試合目にエースが登板し、2試合目に2番手もしくは3番手のピッチャーが起用される。自分は2試合目で起用されるピッチャーだったが、外野手として1試合目に起用されることもなかった。

にもかかわらず監督は、夏の大会で自分に背番号9を用意してくれたのだった。

なぜ自分に9番を用意してくれたのか、不思議で仕方がなかった。3年生だからそれなりに気を遣ってくれたのだろうとしか考えていなかったし、監督が自分をどの程度評価しているのかも意に介していなかった。

愛媛大会が始まっても、それほど気合いが入っていたわけでもなかった。勝つに越したことはないが、負けたら負けたで夏休みが早くやって来るだけという意識だった。

とりあえず順調に勝ち上がり準々決勝まで進出すると、監督から唐突に「次の試合はお前が先発で投げろ」と命じられた。

さすがにこの試合は最初から気合いが入った。準々決勝まで進出した上で自分が投げた試合でチームが負けるようなことになれば、すべて自分の責任になってしまう。とにかく必死に投げ続けたら、ラッキーなことに完封することができた。

そして準決勝を迎え、監督が試合前に、登板予定のエースに対し「今日の試合は立ち上がりから思いっきり投げろ。後には佐野が控えているから安心しろ」と言ってくれた。そのとき初めて監督が自分を認めてくれていたと感じることができた。

結局その後、愛媛大会で登板機会が訪れることはなかったが、チームは決勝戦を制し、甲子園出場を決めた。

高校球児の憧れの舞台である甲子園に行っても、是が非でもマウンドに立ちたいという強い思いはなかった。1試合、1イニング、1人の打者でいいから投げられればいいやという程度。本当に欲がない選手だった。

それでも3回戦で途中登板し勝利投手になり、準決勝でも少しだけ投げる機会をもらえた。個人的にはそれで十分満足できていたのだが、チームは決勝戦にコマを進めた。

なかなか現金ではあるのだが、いざ決勝戦を目前にすると自分の中に妙な色気が出てきてしまった。この試合が正真正銘、高校最後の試合だという意識が芽生え、何とか試合に出たいという欲が出てきた。


今となってはあまりに都合がいい話だと思うが、背番号9番なのだから試合に出してくれないかと。甲子園でヒットを打っているし、勝利投手にもなっているし。やる気満々だとそれとなくアピールしてみたのだが、残念ながら決勝戦は先発から外れ、ベンチで試合を見守った。

それでもチームがチャンスを迎えると、普段はしたことがないのにベンチ裏にあるスイングルームでバットを振ってみたり、エースがピンチになると自分の判断でブルペンに行ってキャッチボールを始めたり。監督に秋波を送り続けたのだが、結局出番がないまま決勝戦に敗れ、高校野球を締めくくることになった。

閉会式が終わり宿舎に戻ると、監督が「このチームはどうなることやらと心配していたが、お前ら本当に頑張ったな」と労《ねぎら》いの声をかけてくれた。その途端、選手全員が号泣。自分も一緒に泣いていたものの、どこか冷めている部分があった。

だが夜になって布団に入ると、決勝戦に出られなかった悔しさが徐々に込み上げてきた。そこから「なぜ監督は自分を使ってくれなかったんだ」と考え始めた。最初は監督のせいにしようとしていたのだが、高校生活をよくよく振り返ってみると、自分の意識の低さがすべての原因だったと思い至った。

周りの選手たちはレギュラーになりたいと必死になっていたのに、自分はどうやってサボろうかとばかり考えていた。本当に志が低かったと痛感させられた。最終的に、自分のような選手が大事な試合で使ってもらえるわけがないという結論に達するとともに、改めて野球が好きだと気づかされ、進学もしくは就職して野球を続けられるのであれば、今度は一生懸命野球と向き合っていこうという決意を固めることができた。

あくまで「たら・れば」の世界になるが、もし監督が決勝戦で自分に出場機会を与えてくれていたとしたら、そこで高校野球にしっかり区切りをつけられていただろうし、高校卒業と同時に野球に終止符を打っていたかもしれない。また運良く進学もしくは就職して野球を続けていたとしても、これまで同様、意欲的に取り組むこともなく、数年で辞めていたと思う。

序章で、自分の内面にある究極ともいえる「強がり」が、常に人生を左右してきたと説明したが、学生時代においても色濃く表れていたと理解してもらえただろう。

大学に進学して投手としてようやく開花

最終的に近畿大学工学部に進学することになり（近畿大学には大阪が本拠地の野球部と、広島が本拠地の工学部の野球部があり、別々のリーグに所属し活動している）、大学で野球を続けることになった。

夏の甲子園決勝に出場できないまま敗れ去った夜、真剣に野球に取り組むことを決意していたものの、大学で自分のピッチングが通用するのか、一抹の不安があった。

高校時代、監督が亜細亜《あじあ》大学OBだったこともあり、定期的に松山でキャンプを実施していた亜細亜大学野球部の練習に参加させてもらったことがある。そこでブルペンに連れて行ってもらい、初めて大学生投手のピッチングを見せてもらった。めちゃくちゃ球が速くて、大学にはとんでもないピッチャーがいるなと感じた。その投手はのちに中日ドラゴンズなどで活躍される与田剛《よだつよし》さんだった。

その後、別の投手がブルペンにやって来た。やたらスラッとした細身の選手だったのだが、自分の隣にいた亜細亜大学の監督さんが「あれがうちのエースだ」と教えてくれた。いざ彼がピッチングを始めると、鬼のようなエグい球を投げるのでさらにビックリ。自分の驚きを察してくれたのか監督さんが「あいつは今プロに行っても簡単に勝てるぞ」と教えてくれた。

ピッチング見学を終わった後、監督さんに「お前の得意球は何だ?」と声をかけられたのだが、一言も声を発することができなかった。それほど彼のピッチングは衝撃的すぎた。

それが阿波野《あわの》秀幸《ひでゆき》さんとの出会いだった。阿波野さんは1986年にドラフト1位指名で近鉄入り。プロ1年目で15勝12敗、防御率2・88、201奪三振を記録しパ・リーグ新人王に選出されている。

まさか数年後に同じチームに在籍することになるとは、このときの自分は想像すらしていなかった。

そんな経験があったため、大学に進学した後も自分自身を過大評価することはなかった。ところが練習に初めて参加してみると、自分の不安は吹き飛んでしまった。当時エースだった投手のピッチングを見て「これなら勝てる。彼の上を行ってエースにならないと大学でやる意味がない」と、さらにモチベーションを上げることができた。

大学に入学してからいろいろ考えて積極的に取り組み始めたし、広島六大学リーグの投手記録を塗り替えてやろうという野心も芽生えていた。身体づくりにも前向きで、大学3年からウェイトトレーニングも取り入れるようになった。

その影響で自然とピッチングにパワーが増し、球質が変わり球速も上がっていった。投球フォームもすごくしっくりきて、ますます意欲的に練習に取り組めるようになった。

その頃には大学生だけでなく社会人選手相手でも抑えるようになっていて、徐々にプロを意識するようになっていた。とは言っても、プロのスカウトが見に来ているかどうかなんて気にも留めていなかったし、ただただ自分のピッチングに意識が向いていた。

大学4年生になった頃、岡山に遠征に行ったときに本屋さんに立ち寄った。お金がない貧乏学生だったので、よく図書館や本屋に行って時間を潰していたため、このときもそんな感じだった。

アマチュア野球の指導者が監修している指導書を見つけ、何気なく目を通していたところ、スライダーの投げ方を伝授しているページに目を奪われた。「へえ、スライダーでこうやって投げるんだ」と感心させられた。翌日行われた社会人チームとの練習試合では、登板する予定はなかったものの、ブルペンに入りスライダーを試投してみた。

指導書にあった通りに投げてみると、予想以上に見事に曲がってくれた。たまたま相手チームの4番打者（日本代表でも4番を打つ実力者だった）もその投球を見ていて、

「いいスライダー投げるな」と感心してくれた。この一言が自信となり、さらにスライダーを練習するきっかけになった。

また別の機会で本屋に行ったときには、江夏豊さんの本を発見した。その当時から江夏さんのことが大好きだった。本に目を通していくと、常に4つの目標を持って取り組んでいることが記されていた。

さっそく自分も、以下の通り真似してみようと考えた。

①　球速140キロ以上を投げる
②　全国大会で1勝する
③　練習で一切手を抜かない
④　プロを目指す

この4つの目標を掲げて、大学最後のシーズンに臨んだ。

有言実行すべく、がむしゃらになって練習した。下半身を鍛えるため、毎日のようにアメリカンノックを受け続けた。4年生エースが必死になって練習しているので、他の選手たちもサボれない。それほど必死になっていた。高校時代とはまるで正反対だった。

全国大会1勝という目標も、チームは自分が大学2年のときから毎年全国大会に出場していたので、決して実現不可能とは思っていなかった。だが常に1回戦負けで、自分は登板すらできていなかったので、何とか自分の手で1勝したいと思っていた。

1回戦で早稲田大学戦に挑んだのだが、あえなく撃沈しこの目標だけは達成できなかった。

本来なら4年生はこれで引退し、秋季リーグから後輩に譲る流れになるのだが、試合後に監督から「お前、プロに行きたいのか?」と聞かれたので、「行けるものなら行きたいです」と答えた。ここ最近はプロのスカウトが自分のピッチングを見に来てくれていることを教えてくれ、「ドラフト指名される可能性があるから、秋季リーグでも投げろ」と勧めてくれた。

秋季リーグのある試合で、監督に「この日にスカウトが来るから、お前が先発しろ」と指名された。後で聞いた話では、阪神とロッテ以外すべてのチームのスカウトが来ていたそうだ。

実際に投げていると、バックネット裏にたくさんのスカウトが陣取っているのが容易に確認できた。ところがピッチングは完全に絶不調で、球速も全然出ない。すると1人、2人とスカウトが去っていくのが分かり、いつしか全員いなくなってしまった。「これでプロはあかんな」とすっかり諦めムードになっていた。

それでも秋季リーグに優勝することができ、何とかリーグ10連覇に貢献することができた。4年間で最優秀投手賞を4回受賞し、いい形で大学野球を締めくくれたと感じている。

その後、監督と進路相談を行い、「やはりプロは厳しいかもな」ということになった。一応、数チームのスカウトから連絡は入っていたのだが、すでにJR西日本に内定をもらっていたこともあり、とりあえずドラフト3位以内の指名がなければ社会人を優先することに決めた。監督からスカウトの人たちにこちらの意向を伝えさせてもらった。

ところがいざドラフト当日を迎えると、予想に反して近鉄が3位で指名してくれた。これも後で教えてもらったことなのだが、自分の試合を見に来ていたスカウトが帰っていく中で、近鉄のスカウト部長だった川西俊雄さんだけは最後まで残ってくれていたそうだ。

後で川西さんから直接聞かされたのだが、「高校時代から面白い投手だと思っていた。大学に入って伸びしろを確認できたので指名することにした」ということだった。

プロの世界へ。1年目から開幕1軍の座を射止める

いざ近鉄に入団すると、高校時代に衝撃を受け憧れていた阿波野さんがいた。さらに大学の先発だった佐々木修《おさむ》さんがいて、1年前から同学年の野茂英雄《のもひでお》も在籍していた。近鉄に入れたのは運命だと思えたし、このチームで野球ができることに幸せを感じていた。

それだけに最初から絶対に1軍でやりたいと思った。先発ローテーションに入りたいとかではなく、先発、中継ぎ、敗戦処理でも何でもいいから1軍に残りたいと、必死な思いでキャンプを過ごしていた。

一方で、プロの凄《すご》さも痛感していた。

当時は1軍に定着できていなかった入来智《いりきさとし》さんや赤堀元之のピッチングを見せてもらったところ、とんでもない球を投げていたので驚きしかなかった。「1軍に定着できていない投手でさえこんなえげつない球を投げるのだから……」と、自分の中にあったわずかな自信は完全に崩壊。必死にやらないと1軍に残るのは無理だと再確認させられた。

とりあえず幸運だったのは、大卒選手ということで1年目から1軍キャンプに呼んでもらえたこと。直接監督やコーチにアピールすることができた。

必死になってキャンプを過ごしている中、フリーバッティングで投げるように指示された。初めての機会だったので阿波野さんに相談したところ「折角の機会だからアピールしてこい」とのことだった。

さらに「佐野はインコースが得意らしいじゃないか。この時期のバッターはまだ調整段階だから、打球が詰まるのをすごく嫌がる。それを逆手に取ってどんどんインコースに投げていけ。インコースに投げ続ければみんな打てない。それでいいから行ってこい」と背中を押してくれた。

阿波野さんの助言通りどんどんインコースに投げ続け、対戦した村上隆行さんのバットを2本折ってしまった。どうやらチーム内では、インコースをどんどん攻める、シュートを投げるピッチャーだという触れ込みだったようだ。

実際のところ、シュートなんて一度も投げたことがない。ただ前述したように、中学時代からインコースに投げるときはツーシームの握りで投げていたため、自分が意図していたわけではなく勝手にシュート回転する球になっていた。

当時の近鉄投手陣で、シュートを武器にしてインコースを攻めるタイプは山崎《やまさき》慎太郎さんだけだったと思う。

この日のピッチングで、触れ込み通りのピッチャーだと認識してもらえることになった。

バックネット裏で見守っていた仰木彬《おおぎあきら》監督にも、好印象を持ってもらえたようだ。

その後はバッターの方が僕のシュートを勝手に意識してくれるようになったため、真っ直ぐとカーブで抑えられる日々が続いた。一応、ブルペンでシュートの練習はしているものの、意識して投げると全然思うようにはいかない。

そんなある日、キャッチャーの山下和彦さんから「お前シュート投げられるんだろ。投げてみろ」と言われたので、練習していたシュートを投げてみたのだが、やはりうまくいかない。だが山下さんの反応は「これは使えるぞ!」だった。それと同時に「スライダーがいい。もっとどんどん使っていこう」と進言され、本格的にスライダーにも取り組むことにした。

サイパンでのキャンプが終了し、日向に移動しての第2次キャンプで紅白戦に登板することになった。3イニングを投げノーヒットに抑えたのだが、組み立ては真っ直ぐ、カーブとスライダーのみだった。

登板後に仰木さんから「佐野、シュートはいつ投げるんだ?」と言われてしまい、「いつでも投げられるので、今は真っ直ぐを磨いています」と思わず強がってしまった。

このはったりが功を奏したのか、何とか開幕1軍を射止めることができた。

ちなみにキャンプ中に意識していたことは、自分が近鉄というチームの中で、どんなピースとして機能できるかだった。繰り返しになるが、先発へのこだわりなど一切なかったし、とにかく1軍に残りたかった。

阿波野さんのような速くてキレのある真っ直ぐが投げられるわけではないし、野茂のフォークのようなウィニングショットがあるわけでもない。自分が彼らと渡り合える部分はコントロールだと考え、すべての球種を思ったコースに投げることだけに集中していた。

そのため、途中からは周りのピッチャーと比較することは止《や》め、自分がレベルアップすることだけを考えていた。

自分が誇れる制球力は、高校時代に磨かれたものだ。当時監督にやらされた練習の1つとして、アウトコースに小さな段ボールを置いて、そこに50球を当てられるまでピッチングを続けさせられた。これはピッチャー全員に課せられた練習メニューだった。

この練習法は大学時代も続けていたので、コントロールだけは抜群によかったと今でも自負している。

1軍定着を確実にしてくれた西武戦の強気ピッチング

目標だった開幕1軍は達成できたものの、最初は敗戦処理しかやらせてもらえなかった。それは裏を返せば、打たれれば即2軍という立場だ。マウンドに上がったら「とにかく打たれないように」としか考えていなかった。

そんな矢先、1つの転機が訪れた。シーズンが開幕したばかりの5月の西武ライオンズ戦だった。

これまで何とか抑えてきたものの、この日は絶不調。いきなりカーブを打たれてしまい、心の中で「これで2軍行きだ」と諦めムードになっていた。そこからなんとなくスイッチが入り「丁寧に投げるボールじゃなくて、思い切り投げるボールってどの程度通用するんやろ？」と開き直っていた。相手打者が球界を代表する秋山幸二《こうじ》さんだったこともあり、とにかく渾身《こんしん》の真っ直ぐで攻めてみることにした。

キャッチャーの光山英和さんのスライダーのサインに首を振り、初球からインコースに真っ直ぐを投げ空振り。球速表示を見ると、これまで140キロ前後だったのに、146キロが出ていた。2球目も変化球のサインに首を振り145キロの真っ直ぐで再び空振り。3球目は真っ直ぐのサインを出してくれ、140キロちょっとでボール。4球目も真っ直ぐのサインが出たので勝負を挑んだところ、レフト線ツーベースを打たれて完全にノックアウトされた。

続く打者に対しても全球真っ直ぐ勝負で何とかアウトを奪い、ようやくイニングが終了。ベンチに戻ると、仰木さんが光山さんに向かって「真っ直ぐばかり投げさせて何やっとんねん！」と怒りを爆発させた。直立不動で仰木さんの怒声を聞いている光山さんの姿を見て、さすがに「やってもうた……」と。改めて2軍行きを覚悟した。

その後ベンチ裏に下がり、真っ先に光山さんに謝りに行くと「ええねん。お前あんないい真っ直ぐを投げられるんだったら、これからもちゃんと投げてこいよ。オレはしっかり認識したからな。ええボールやった。大丈夫や」と誉《ほ》めてくれた。

光山さんの熱い言葉を胸に、2軍でしっかり真っ直ぐを磨いてこようと決心したものの、誰も2軍降格を伝えに来ない。通達は次の日かなと思い、翌日恐る恐る球場に行くと、グラウンドでばったり仰木さんに遭遇。すると意外な内容の声かけをしてくれた。

「佐野、お前結構ええボール投げるやんか。昨日はたまたま打たれたけど、次もああいう思い切りが大事やから、どんどん投げていけよ」

結局2軍に降格させられることはなかった。あの日の西武戦のピッチングで、自分の中に小さな自信が生まれたし、もっと頑張ろうというモチベーションにつなげることができた。

それからは敗戦処理ではない場面でも投げさせてもらえるようになり、仰木さんにも「佐野を投げさせると、なんか試合に勝つんだよ」と言ってもらえるようになった。

最終的には38試合に登板し、6勝2敗2セーブ、防御率3・82。シーズン最後まで1軍で投げ続け、プロ1年目を終えることができた。

本当に楽しかった近鉄というチーム

プロ1年目を何とか最後まで1軍で過ごすことができ、改めて近鉄に入団できたことに喜びを感じていた。日々充実していたし、本当にやり甲斐《がい》のあるチームだった。選手個々の意識が高く、みんな当たり前のようにすごく練習していた。立花龍司さんがコンディショニングコーチをしていたこともあり、ウェイトトレーニングに対する意識も高かった。

例えば、当時の野茂は、あまり練習しない選手だと言われたりしていたが、全体練習を一緒にしないだけであって、個人練習はしっかりしていた。まさにMLB流だった。メディアの前でそれほど練習している姿を見せなかっただけで、そう判断されていたのだろう。

それは野茂だけではなく、他の選手たちも同様だった。グラウンドに姿を見せなくても、個人でガンガン練習していた。ウェイト場はいつも人でごった返していた。そういった選手の自主性を尊重してくれ、許してくれていたのが仰木さんだった。

そんな環境の中に身を置けば、自然と意識が高くなっていった。


当時としては希有《けう》な存在だった立花さんが、様々な情報を共有してくれたこともあり、チーム内では選手が個々でどうケアするかを考えるのが主流になっていた。

実際に自分も個人トレーナーと契約してトレーニングや身体のケアを任せていたし、肩やヒジのメンテナンスをするためチームドクターとは別に、自分で情報を集めて別の病院に通っていた。

そのお陰で、インピンジメント症候群を発症し肩痛を起こした際、本来なら治療に時間を要するところなのだが、個人的にお世話になっていた福岡の病院に出向き、そこで検査とリハビリを行って1週間で完治させている。

近鉄というチームに入団できて本当に幸せだった

のちに野茂がアメリカに行ってからはさらに情報が入ってくるし、選手たちでカンパしてシーズンオフに立花さんにアメリカで現地視察してもらい、常に最新情報を共有していた。

だから近鉄は他のチームより先に、アメリカから最新の理論やシステムを導入できていたのだと思う。

そんな環境を許容してくれたのが仰木さんだったが、代わりに鈴木啓示《けいし》さんが監督に就任すると、すべて否定されてしまった。

すでに選手の意識は相当高かったので、鈴木さんの方針は反発を買ったし、鈴木さんに直接意見する選手も少なくなかった。おそらく選手たちの意見に鈴木さんの知識が追いついていなかったので、かなり煩わしかったのではないだろうか。

この頃になると、自分も近鉄というチームに魅力を感じられなくなり、確実にモチベーションが下がっていた。詳細については後述する。

大食漢揃いの近鉄の日常

当時の近鉄の選手たちは個々でガンガン練習する一方で、めちゃくちゃ飯を食う集団だった。自分も身体づくりの一環で、食べることを意識していた。

近鉄戦士の大食漢ぶりを示すエピソードを紹介しておこう。

東京ドームで試合をしたときのことだが、球場の食事はケータリング会社に依頼し、現場でおばちゃんたちが給仕してくれる。選手たちが次々に注文にやってくるので、「近鉄を担当するときが一番忙しい」と嘆いていた。

特に光山さんはすごかった。「ゴミ箱さん」とあだ名がつくくらい、強力な胃の持ち主だった。普通、食事は試合前に摂《と》るものだが、イニングの途中でも「腹が減った」とラーメンを食べていた。

サイパン・キャンプでも面白いエピソードがある。

宿泊ホテル内に寿司屋が入っていたのだが、その寿司屋が毎週木曜日にネタを仕入れているのを聞きつけ、野茂たちと一緒に木曜日に顔を出し、すべてのネタを食い尽くしたこともあった。

我々の注文の仕方は、ネタを指定するのではなく、ネタケースを見ながら「とりあえず端から端まで」。それを数周するのだから、ネタがなくなってしまうのも仕方がないだろう。キャンプ中は1日中練習に明け暮れていることもあり、それでも食い足りないくらいだった。

シーズン中も食べ続けた。試合が終わって夜中に焼き肉を食べるのは当たり前だったし、酒を飲みにいっても、飲み屋さんに出前を取ってガンガン食べていた。ときには締めのラーメンを食べて朝方にホテルに戻ることもあった。

これは個人的に忘れられない思い出なのだが、1995年のシーズンオフに吉井理《まさ》人《と》さんと野茂と3人で食事をすることになった。その日は中華にしようということになり、ホテルオークラにある中華レストランに行ったのだが、3人合わせた食事代はなんと27万円だった。

その当時は3人の取り決めで、年俸を一番もらっている選手が奢《おご》るというルールになっていた。そのシーズンは野茂がロサンゼルス・ドジャースに移籍し、吉井さんもヤクルトスワローズにトレードされた影響で、なんと自分が一番の年俸をもらっていたのだ。普段は3人とも優柔不断で注文するメニューに悩むのだが、その日に限って次々に一番高いメニューを注文し続けた結果だった。

ここまでのエピソードで、自分がかなりの暴飲暴食をしていたと受け取る人もいるだろう。だが自分のみならず、当時のプロ野球選手にとって、これが紛れもない日常だった。食べ過ぎだろうが、飲み過ぎだろうが、それはそれでいいと。その代わり、しっかり練習して、試合もして、カロリーを消費するというのが、近鉄だけでなく球界全体の風潮だったと思う。

もちろん当時の自分はそれだけ食べていても、フィジカルチェックで異常値が出たことはなかったし、健康体そのものだった。このときの食生活、食習慣が糖尿病につながったとは考えていない。

プロ入り6年目で年俸1億円に到達

プロ2年目のシーズンは右ヒジを故障してしまい、1ヶ月ほど戦列を離れることになった。何とか復帰はしたものの、依然として中継ぎ投手という立場は変わらない。当時の中継ぎ投手は「便利屋」のように扱われており、ちょっとだけ自分の立場に疑問を感じ始めていた。いつしか、「先発してみたいな」という色気も出ていた。

先発投手は試合をつくることができ、抑え投手は試合を締めくくることができる。一方で中継ぎ投手は、便利屋としてフル回転させられ、給料もなかなか上がらない。なんとなく「中継ぎって何やろう」と考えるようにもなっていた。

だが、その後も中継ぎ投手として投げ続けていく中で、「実は中継ぎ投手こそが試合を支配しているんじゃないか」と考えられるようになった。そこからは次第に、中継ぎ投手というポジションに楽しさを見出せるようになっていった。

そうなってくると、今度は中継ぎ投手の地位を上げたいと考えるようになる。周りを見渡しても、中継ぎ投手でどんどん給料を上げている投手は皆無だった。ならばこのまま中継ぎ投手を極めていけば、自分が一番になれると考え、そこからは年俸にもこだわるようになっていった。

3年目以降は中継ぎ投手に誇りを持てたし、成績も順調に残すことができた。プロ1年目は年俸600万円からスタートし、毎年のように昇給していた。遂にプロ6年目の1996年シーズン終了後、中継ぎ投手として史上初めて1億円の大台に到達することができた。初の大台突破ではあったが、前年に年俸6000万円で契約していた時点で、すでに中継ぎ投手としては球界トップになっていたので、特別な感慨はなかった。

今だから告白させてもらうが、プロ1年目のオフに契約更改に臨むにあたり、阿波野さんからアドバイスをもらっていた。「とにかくメモ帳を購入して契約更改に臨め」ということだった。

理由は至って簡単だ。契約更改の場ではこちらの言い分を聞いてもらうのではなく、相手の話を聞くような振舞いをする。彼らの話を、実際に書き留めなくてもいいからメモ帳に書くふりをして、駆け引きするというものだ。

そうして相手の説明をすべて聞き出した後で、「ここの部分が入っていませんよね。それは評価してくれてもいいんじゃないですか?」と探りを入れると、「えっ? そんなことがあったのか」と納得してくれ、実際に給料が上がった。まさに阿波野さんの作戦通りだった。

それでも、近鉄から1億円を引き出すまでには何度も揉《も》めることになった。その交渉過程の中で、おそらく自分が球界初だと思うが、「インセンティブ条項」を加えることを提案した。

当時は野茂や代理人の団野村《だんのむら》さんから、MLBの契約事情についていろいろな情報やアドバイスをもらっており、また日本にやってくる外国人選手たちは、契約の中にインセンティブ条項が入っているのが普通だった。日本人選手にも認められるべきだと考えての打診だった。球団は「少し考えさせてほしい」ということで、インセンティブ条項を加えることは保留になった。

ところが近鉄は、こちらのアイディアを勝手に使って、自分の契約ではなく赤堀の契約に球団初のインセンティブ条項を織り込む決断をしたのだ。これにはさすがに腹を立てるしかなかった。

右ヒジの手術。そして不振に悩む

年俸1億円の大台に到達したことで、球界を代表する中継ぎ投手として、牽引《けんいん》していく立場だという自覚が芽生えていた。だがその一方で、鈴木さんがやってきてチームの雰囲気が明らかに変わっていったのは前述した通りだ。仲間だった野茂や吉井さんらが次々にチームを離れていき、むしろチームの将来に対する不安や不満の方が強かった。

その一方で、支えてくれていた選手がチームを去ったことで、「このチームはオレが支える！」という気概を抱いていたりもした。だが今になって振り返ってみると、完全に調子に乗っていたし、それが空回りしてしまったと感じている。

1997年は、ピッチングそのものの調子がよくなかっただけでなく、メンタル的にもいい方向を向いていなかった。チームもなかなか勝てなかったし、以前のようなやり甲斐も見出せなかった。チームを支えているのは自分だと考えているから、「なんでオレがこんな扱いを受けなあかんのや！」と不平不満を口にし続ける日々だった。

体調的にもヒジの状態がよくなかった。おそらくそれが原因で、投球フォームにズレが生まれてしまったのだと思う。「何かおかしいな」と感じながら投げ続けていた。

史上初・中継ぎ投手として年俸1億円に到達

東京ドームで日本ハムファイターズと対戦したシーズン最終戦のことだった。投げ終わった後に、右ヒジの何かがブチッと切れたような感覚になり、同時に大きな痛みが襲ってきた。自分は時折ヒジがロックしたりしていたので、最初はロックが外れたのだろうと考えていた。

ところがいつになっても痛みが引かないので、こっそり1人で病院に行きレントゲン撮影をしたところ、靭帯《じんたい》が切れていると診断された。すでにシーズンが終了していたので、おそらく手術になるだろうと説明してくれた。

診断結果を聞いていろいろ考えてみたが、この頃は球団に対する不信感が強くなっていた。彼らに相談することなく手術を受け、リハビリのため一年間休もうと考えていた。

いずれにせよ検査はしっかりしないといけないと思い、野茂に現在のヒジの状態を相談したところ、それならジョーブさん（フランク・ジョーブ：トミー・ジョン手術を考案した当時の代表的な整形外科医）に診てもらえるように手配すると言って、すぐにアポを取ってくれた。

近鉄に連絡を取り、アメリカに行かせてくれと懇願し、ジョーブさんの診断を受けることになった。

ここでも運がよかったのだが、レントゲンを撮ってくれた病院の先生が、日本に視察に訪れていたジョーブさんに会っていて、お互いに連絡を取り合える関係だった。「それなら僕もジョーブさんに手紙を書くよ」と言ってくれ、自分が渡米する前にレントゲン写真をジョーブさんに送ってくれていた。

そして野茂の付き添いのもと、ジョーブさんの病院に行き診断を受けたのだが、握手してヒジを少し動かした後、「今日このあと空いているけど、手術をして行くかい？」といきなり言われた。

一応、球団の許可が必要なので一度帰国し、球団に手術が必要だという診断結果を伝えた。球団からは手術は仕方がないとはいえ、日本にも手術ができる先生がいるからと、日本での手術を提案されたが、世界最高峰だったジョーブさんの手術を受けたいと説得し、アメリカで手術を受けることになった。

実はこのときも、球団とは多少揉めている。「アメリカで手術を受けるとなると、かなりの費用がかかるな」と。相変わらずケチくさいなと思ったりもしたが、結局すべての費用を球団が出してくれた。

一年間のリハビリ生活を終え戦列復帰したところ、ピッチング自体のパフォーマンスは上がっていたのだが、球団とのわだかまりが解消できず、モチベーションが上がることはなかった。それが悪い方向に出てしまい、球団に対して文句ばかり言っていた。

チャンスがもらえるようにしっかり準備していたかといえば、そうだとは言い切れない。ああしろ、こうしろと要求ばかりしていた。

技術的な面では、指先の感覚が微妙にズレていたのだが、それを改善しようと頑張ってもうまくいかなかった。

それでさらにストレスが溜まり、ますます悪い方向に。チーム内に話し相手もいなくなっていたし、かなり孤立していたと思う。周りの選手が普通にプレーしていることがうらやましくて仕方がなかった。その一方で、自分がうまくいっていないのは、自分ではなく他人のせいだと思っていた。この頃は本当に最悪の時間を過ごしていた。

完全にチーム内の不満分子になっていた中、球団から事務所に来てくれと連絡があった。自分としては解雇されると思っていたので、連絡をもらったときに「クビですか？」と素直に聞いてみた。すると「そうじゃない。とにかく来てくれ」と言われたので、なんとなくトレードされるのかと察していた。

いざ球団事務所に行ってみると、覚悟していた通り「中日ドラゴンズにトレードします」と言われた。個人的にはこれをいい機会にして、気持ちを入れ替えて中日でやっていこうという気持ちになっていた。

自分を必要だと思ってトレードしてくれた中日では、シーズン序盤はしっかりチャンスを与えてもらった。だが思うようなピッチングができずにいると、またモチベーションが下がり人のせいにしてしまう。あいつが悪いから自分を1軍に上げてくれないんだ、とか。

今振り返ってもこの当時の自分は、究極の「強がり」が悪い方向ばかりに向かってしまったと思う。

中日を1年で離れた後、国内外で数チームを渡り歩くことになったが、最後まで自分を信じ切ることができず、楽な方に逃げてしまっていた。

今更後悔しても仕方がないことだが、すべては自分の責任だ。

思い通りのピッチングがなかなかできないまま、2003年のシーズン終了後に現役引退を決断するしかなかった。

第2章　39歳で糖尿病発症

現役時代に指摘されていた2つのこと

前章に書き記したように、現役時代の自分は健康に何の不安も感じていなかった。だが、今だから気づけることだが、ちょっとした2つの出来事があった。

近鉄に入団してすぐのこと。フィジカルチェックを受けたのだが、もちろん健康体だと診断された。中学校、高校ではピッチャーとしてフル回転していなかったので、右ヒジの状態は変形もなく、綺麗だと褒めてもらえた。

それと、「心臓が人より大きいですね」と言われた。当時は、心臓が大きいということはそれだけ心肺機能が高いのだろうと考え、褒め言葉だと捉えていた。だが、今こうして心臓弁膜症と闘う日々を送っていると、もう少し意識しておくべきだったと感じている。

もう1つは、1997年に受けたフィジカルチェックだった。

このとき、初めて「血糖値が少し高めなので気をつけてください」と言われた。当時の自分は、ヒジの手術を受けたばかりであまり練習もできていなかったので、確かにベスト体重よりも増えていた。

それならばと、ヒジのリハビリを兼ねて体重を10キロほど落としてみたところ、血糖値は正常に戻った。ちなみに血糖値はそれ以降も正常値の範囲内だったので、現役時代に糖尿病を意識することは皆無だった。

だが、現役引退後にフリーで活動するようになってからは、運動する機会はほとんどなくなっていたし、体重を意識することもなかった。食生活も現役時代とあまり変わっていなかったと思う。

ただ、近鉄時代に結婚もしていたし、チームを去った仲間も多かったので、外に飲みに行くことはほとんどなくなっていた。むしろ現役を長く続けたいという考えから、しっかり食生活には気をつけていたと思う。それは引退後も変わらなかった。

咳が止まらず病院へ。診断結果は「糖尿病」

現役引退後は、体調が悪いときに病院に行くことがあった程度で、大きな病気にかかるわけでもなく、仕事に勤《いそ》しんでいた。

そんなある日のこと、咳《せき》が止まらない症状が続き、家族から勧められ病院で診てもらうことにした。とりあえず軽い肺炎の症状ということで入院することになったのだが、入院中にいろいろな検査を受ける中で、とんでもない事実を突きつけられることになった。

血液検査をした結果、血糖値が350ぐらいまで上がっていることが分かり、すぐさま「糖尿病」だと診断された。まさか自分が糖尿病になるなんて想像すらしていなかったので、まさに青天の霹靂《へきれき》だった。

確かにこの頃の自分は、割と好きなものを食べていたし、甘いものも好んで口にしていた。食事の量もそれほど気に留めていなかったと思う。だが前述したように、ほとんど外食をしなくなっていたし、酒を飲む機会はほぼなかった。

病院から血糖値を下げるために薬を飲んでくださいと言われたので、そこから糖尿病の薬を飲む生活が始まった。並行して、増えていた体重を落とすように心がけた。また糖尿病と診断されてからは、妻が食事に関して気にかけてくれるようになった。体重を徐々に落としていくと、薬の効果もあり血糖値は下がっていった。2ヶ月ほど経過した頃には血糖値は200を切っていた。病院の先生も「順調にきています。このまま続けていきましょう」と言ってくださり、薬を飲みながら定期的に検査を受け続けた。

だがそれ以降は、なかなか血糖値が下がらなくなってしまった。先生からお墨付きをもらったことで安心してしまい、しっかり節制できていなかったかもしれない。

そんな状態がしばらく続いたので先生に相談したところ、「悪化することを防ぐためにもインシュリンを打った方がいいかもしれないですね」とのことだった。初めて糖尿病と診断されてから、およそ2年が経過していた。

自分の中で、インシュリンを打つことに抵抗がなかったと言えば嘘になる。インシュリンを打つということは、糖尿病の進行を認めることを意味する。それを受け入れるのが嫌だったし、怖くもあった。

ちなみにインシュリンを打つことが決まったときは、なかなか家族に言い出せなかった。

インシュリンを導入してみると、ようやく血糖値が少しずつ下がりはじめ、150から180の間を推移するようになった。ヘモグロビンも7台で落ち着いていたので、これ以上は悪くならないだろうと考えていた。

引き続き体重を増やさないように心がけていたものの、運動からはすっかり遠ざかってしまい、ウォーキング程度しかできていなかった。野球教室に呼ばれたときでも、いつものように投げられていたので、トレーニングの必要性も感じていなかった。

酒については、糖尿病と診断された後も仕事の関係で口にすることはあったが、インシュリンを打つようになってからはまったく飲むことはなかった。

糖尿病と診断された当初は、血糖値を正常に戻せばいいだけだと思っていたし、自分でなんとかできると軽率に考えている部分もあった。また血糖値が正常に戻れば、インシュリンを必要としない日常を取り戻せるとも考えていた。

だがインシュリンを打つようになり、糖尿病について少しずつ調べていく中で、糖尿病は一度かかると、もう治らないことが定説になっていると知った。

そして血糖値を正常に戻すことができたとしても、常に免疫力低下に伴う合併症を心配しなければならない、恐ろしい病気なのだと理解しはじめていた。

つまり糖尿病は、血糖値を心配するだけでなく、様々な面で体をケアしていかなければならない病気なのだ。実際に自分も、糖尿病と闘い続ける生活の中で、免疫力低下が原因で末梢《まつしょう》神経に麻痺《まひ》症状が出てしまい、足をケガしても気づかなかったり、足がずっと痺《しび》れたりする症状に悩まされた。そして様々な合併症を引き起こし、身をもってその恐ろしさを味わっている。

糖尿病と同時に抱えていた精神的ストレス

また、この時期には、大きな精神的ストレスも抱えていた。糖尿病と直接は関係ないと思うが、病は気からという格言もあるように、多少なりとも糖尿病に悪い影響を及ぼしていたのではないだろうか。

これまで人前では、常に究極の「強がり」を発揮し続けてきたが、この場を借りて当時の自分の精神状態を包み隠さず説明したい。

現役引退後にフリーとして仕事を続けてきたわけだが、実は徐々に仕事の量が減っていき、生活面でかなり追い込まれていた。そうした実情を家族に話す勇気もなく、それが徐々にストレスとしてのしかかるようになっていた。

そんな状況の中で、糖尿病が改善するどころかむしろ悪化し、インシュリンを打たなければならなくなってしまった。それも家族に伝えることができなかった。

そうしたストレスを紛らわすため、先生の言うことには従う一方で、時折お腹いっぱい食事をすることもあった。

家族とは別に、もう1つ別のストレスも抱えていた。当時、大きく世を騒がせることになってしまったが、仕事量が減ってしまったことで、野茂から借用していたお金の返済が難しくなっていた。時には講演会の出演料を早めに支払ってもらうなど、色々やりくりはしてみたものの、それでも定額を返済するのが厳しくなっていた。

仕事の量が減っていることも、また野茂からお金を借りていることも、家族には一切伝えていない。また糖尿病が悪化していたのに、「全然大丈夫だから」とインシュリンを打ちはじめたことも黙っていた。まったくもって自分の見栄でしかないのだが、家族の生活レベルを下げることはできない。完全に追い込まれていた。

ちなみに愛媛の実家とも、完全に音信不通になっていた。すでに母親は他界し、父親とはまったく連絡をとっていない。肉親ながら心が通じ合えるような関係ではなく、こうして右腕を失うことになっても何の報告もしていない。

フリーだったので仕事面でサポートしてくれる人もいなかった。
それでも何とか仕事量を増やそうと、体調は万全ではないものの積極的に外に出て、飲みの席に顔を出すなど必死にアピールした。

仕事がなく家でじっとしている時間が増えれば、家族にも仕事が少なくなっていることがバレてしまう。用事がないのに外出することも度々あった。

そんな頃にメディアによって、野茂との借金問題が報じられ、精神的ストレスはピークに達していたと思う。

報道によって事実を知らされた家族は、寝耳に水だったはずだ。

報道後は妻と2人の子どもに本当に大きな迷惑をかけてしまった。

この頃、妻との関係もあまりうまくいかなくなっていた。

突然「心不全」の診断。ICUで治療を受ける

心身ともに追い詰められた生活が続く中で、体調不良にも悩まされるようになった。

普段は特に問題ないのだが、自宅でちょっと横になると息苦しさを感じてしまう。また起床時には足がかなりむくむようになっていた。

そんなある日。入浴時に、お腹が張っていること、さらに睾丸《こうがん》がとんでもなく腫れ

上がっていることに気づいた。そして、当時はあまり食欲がなかったのに、体重が増えていた。

「これはちょっとおかしいな」と思い、3日後に糖尿病の定期検診を受けた際、先生に「最近ちょっと息苦しいんです」と相談し検査をしてもらった。

すると先生から「佐野さん、ちょっと大変なことになりそうです」と言われ、そのまま強制入院させられることになった。

診断結果は「心不全」だった。

かなり深刻な状態だったため、一般病棟ではなくICUに運ばれた。

そこでさらに心臓の検査を受ける中で、自分では気づいていなかったが、軽度の心筋梗塞を起こしていた可能性も指摘された。そして「すぐに家族に来てもらってください」との指示を受けたので、家族立ち会いの下で治療を受けることになった。

状況次第では心臓のバイパス手術を受ける旨を通達されていたが、徐々に安定していき、1週間ほどで一般病棟に移れた。その後も経過観察が続いたが、1ヶ月程度で退院することができた。

なんとか自宅に戻ることができてからは、心臓に負担がかからないよう節制した生活を心がけていたのだが、1ヶ月ほど経過するとまた同じような症状に見舞われてしまった。再び病院で検査した結果、2度目の心不全を起こしていたことが判明した。

そしてその後、さらに3度目の心不全を引き起こしてしまった。

心臓に水がたまりやすい状態になっているということで、心臓に4つの風船を埋め込む手術を受けることになった。

家族との別れ

立て続けに心不全を起こし入退院を繰り返す中、借金問題によりすっかり自分に対する信頼を失った妻が、子どもを連れて家を出て行った。

3度目の心不全から退院して自宅に戻ると、もぬけの殻だった。

その後、妻との話し合いの結果、離婚することになり、自宅を引き払った。

天涯孤独になってからも、糖尿病と心不全との闘いは続いた。

離婚後に引っ越し、慶應義塾大学病院にお世話になるのだが、ここでも心不全を何度か起こしてしまい、入退院を繰り返さざるを得なかった。


そんな不安定な生活を強いられる中、京都の知り合いから仕事のオファーがきたので、単身京都に移り住む決断をした。

京都では、声をかけてくれた人が経営している会社を拡大していくということで、自分の持つ人脈を活用してのコンサルタント的役割で迎え入れられた。

借金問題が発覚して以降、仕事量がますます減っていく中で、野球にこだわらずいろいろな仕事をやっていこうと考えていたし、野茂への返済や家族への養育費支払いを含め安定した収入が必要だった。まさにゼロからのスタートだった。

ただ将来的なことを考えると、完全に畑違いのコンサルタントの仕事を長く続けていけるとは思っていなかったし、少しでも別の仕事を増やしていければと挨拶回りも続けていた。やはり気が休まらない生活が続いていた。

京都に移ってからは、京都大学病院にお世話になった。経過観察をしながらインシュリンを打つ生活を続け、高止まりしているとは言え血糖値も安定していた。ただ一人暮らしを始めてからは外食ばかりに頼り、かなり偏った食生活になっていた。

一応野菜ファーストというか、栄養バランスのいい食事をとろうと意識してはいるものの、忙しいときや時間がないときは、おにぎりだけで済ませてしまうことも多々あった。

そんな中、親切にしてくれる焼肉屋さんを見つけ、いろいろ気を遣った食事を提供してもらったので、すごく助けられた。

当時はあまり意識していなかったが、今考えてみると、多少気になる症状は出ていた。

血糖値そのものは深刻な状態でなかったとは言え、時折とてつもない喉の渇きを覚えたり、おしっこをする際に泡が出ているのを発見したりしていた。

入院先で勧められた人工透析の導入

京都に引っ越した後、糖尿病は落ち着きを見せていたのだが、ここでも心不全を起こしてしまい、京大病院での入院治療を余儀なくされることになった。

入院して治療を受ける日々が続く中、心不全の症状は改善し、徐々に体調もよくなっていった。個人的にも、糖尿病よりも心不全が続いていることが苦しかったし、心配でもあったので、症状が改善したことで安堵していた面があった。

そんなこともあり、糖尿病の悪化についてそれほど気に留めていなかったのだが、自分を気にかけてくれる看護師さんから「これ以上悪化すると人工透析の可能性もありますから、一度透析病棟に行って話を聞いてみませんか？」と打診された。

せっかくの厚意を無下にできないと思い透析病棟を訪れると、人工透析についての基礎知識を教えてくれるとともに、若い頃から人工透析を30年以上続けている患者さんと話す機会も設けてくれた。その患者さんが「最初は大変だったけど、今ではだいぶ慣れましたし、好きな時間に受けられるようになりました」と飄々《ひょうひょう》と話してくれたので、不安は少し解消された。

だが後日、別の患者さんの話を聞く機会があったのだが、傍目《はため》からもその患者さんはかなり衰弱されているように見えた。看護師さんに「あの方はいつから人工透析をしているんですか？」と尋ねたところ、「半年前からです」とのことだった。

実は透析病棟を訪れる前から、人工透析についても情報収集していた。人工透析は相当苦しいもので、合併症がひどくなったりとか、どんどん衰弱していったりとネガティブなイメージしか持てていなかったのだ。その患者さんの様子を見て「やっぱり人工透析はヤバいな」と怖気《おじけ》づいてしまった。

その後、先生から正式に人工透析の導入を進言されても、とにかく自分は「やらない」の一点張りだった。血糖値がある程度安定していたので、心不全の状態が改善されれば、自分は大丈夫だと考えていた。一方で、インシュリンを勧められたときほどのショックはなかったとはいえ、確実に糖尿病が進行している事実に直面し、「オレ、大丈夫なのか？」という不安感に包まれた。

人工透析に抵抗を感じたのは、恐怖心だけではなかった。人工透析には約4時間を要し、さらに週3回受けなければならないのだ。人工透析のためにかなりの時間を奪われ、満足に仕事ができなくなり、収入が確保できなくなると、ますます周りの人に迷惑をかけてしまうという不安があった。

先生は「ゆっくり話し合いましょう」と懇切丁寧に対応してくれたが、1時間程度「嫌だ」と拒み続けた。そして最後に「佐野さんは長生きしたいですか？」と聞かれた。そこで「長生きしたいです」と答えると、「それならば人工透析をお勧めするしかありません」と念を押された。

さらに補足説明で、人工透析をしないで現在の生活を続けていけば、もう一度心不全が起きた場合、命の保証はできないし、他の臓器不全を起こすリスクも高まってくる、とまで言われてしまった。それ以上、抵抗することはできなかった。

当たり前のことだが、自分の根底にあるのは、迷惑をかけた人たちの恩に報いるためにも、少しでも長く生きること。先生の「長生きしたいですか？」の一言で、完全に気持ちを切り替えることができた。人工透析に対するネガティブなイメージを捨て、最初に聞かせてもらった患者さんの言葉を無理やり頭にインプットしようとした。

すでに離れて暮らしていた家族には、人工透析について連絡はしていない。あくまで個人の健康問題のため、すべて自分で解決していかなければならないと考えていた。それも究極の「強がり」といってしまえばそれまでなのだが……。

先生の説得を受け入れると、左腕に「シャント（人工透析に必要な人工血管）」が造設され、2日後には人工透析が始まった。

人工透析により起こった起立性低血圧症

透析病棟には30床ほどのベッドが用意されており、以前、話を聞かせてくれた患者さんたちと一緒に最初の人工透析を受けた。

今思い返してみても、4時間はとにかく長く感じた。スマホの使用は許可されておらず、ずっとベッドに横たわったままの状態。一応目の前にテレビを用意してもらったものの、それを見る余裕はなかった。

看護師さんもずっと付き添ってくれるわけではなく、会話を楽しむこともできない。ただただ時間が経過するのを気にしながら、とにかく人工透析が終わるのを待つしかなかった。「まだ終わらんのか」と不安を抱えながらとにかく堪えていた。

人工透析は、機械を使って人工的に血液内の老廃物を除去するのだが、体内から血液が抜かれたり、戻されたりという感覚はまるでなかった。ただずっと機械音が聞こえてくる。時折体の向きを変え、血流が悪くなったりすると、大きな警告音が鳴り響く。それが自分のところだけでなく、部屋中から響いてくる。またそれが不安に繋《つな》がったりもした。

なんとか無事に1回目の人工透析が終わった。

自分の中では4時間が倍以上に感じられた。

だがその一方で、自分が想像していたほど苦しいものではなかったし、しんどくもなかった。「これなら大丈夫そうだ」と、安心感も芽生えていた。これならば、ベッドの上の4時間を、どのように克服していくかだけだと考えられるようになっていた。

その後も、京大病院で週3回ペースで10日間ほど人工透析を受け続けたのだが、やはり問題なく終えることができた。

心不全の症状も改善したことで、京大病院をひとまず退院し、別の透析病院で人工透析を続けることになった。だがそこで、思わぬハプニングが待ち受けていた。

自宅から通いで人工透析を受けるようになってから、起立性低血圧症に襲われるようになった。人工透析をするとどうしても血圧が下がってしまうので、終わった後に立ち上がると低血圧の影響でふらついてしまう症状だ。中には昏睡《こんすい》状態にまで陥ってしまう患者さんもいるほどだ。

起立性低血圧症が頻繁に起こるようになり、人工透析が終わった後、ひどいときは1時間ぐらい立ち上がれなくなってしまった。この透析病院ではベッドではなくリクライニングシートを使用しており、人工透析が終わった後リクライニングを上げると、上半身が上がり、下半身が下がる。これで一気に血圧が下がってしまい、意識が遠のいてしんどくなる状態だった。

これを機に、人工透析をしない日でも、血圧の変動が激しくなっていった。例えば長時間のドライブで座席に座ったままの状態が続くと、コンビニに立ち寄ろうと車を降りた瞬間、血圧が一気に下がりふらついてしまう。

また日々の生活の中で、貧血に悩まされるようにもなった。

その結果、人工透析を受けるだけでなく、貧血の予防注射を打ったり、貧血を抑制する薬を処方してもらったりするようになった。こうした貧血の治療は今も継続している。

週3回は透析病院に通い、朝9時半から昼の2時半くらいまで人工透析に時間がかかる。そして起立性低血圧症が起こってしまうと、そこから30分から1時間くらい動くことができない。結局家に戻れるのは夕方4時前後になってしまうので、完全に1日がつぶれてしまう。

人工透析をしている最中は食事をとることができないので、病院を離れるときは常に空腹状態なのだが、起立性低血圧症が収まらず体調が悪いときは、家に戻っても寝るだけになってしまう。これでは体力を維持することもできない。

翌日、なんとかできる仕事をやらなければと朝から動き出そうとするのだが、できることはかなり限られていた。

人工透析を始めてからも、血糖値が大幅に改善されることはなく、よくもなければ悪くもない状態で推移していた。数値が高いときでも200を超えることはなかった。ヘモグロビンの数値も、6・8程度だったと思う。

また人工透析を導入するようになってからは毎回血液検査をしてくれるので、常に数値をチェックできるようになった。病院からも「これをキープしていきましょう」とのことで、人工透析以外では薬を処方してもらうだけだった。

その一方で、人工透析病院からは、栄養素が低いのでしっかり食事をとるように注意されていた。指摘される度に「ちゃんと食べます」と応じていたし、しっかり食事をとっているつもりだったのだが、節制する認識が強かったためか、必要な栄養素が摂取できていなかったようだ。

また人工透析は、血液内の老廃物を取り除くだけでなく、栄養素も一緒に奪っていく。その人工透析を週3回受け続けているのだから、どうしても栄養素を体内に維持するのが難しい面もあった。

困難な日々を過ごしていたが、それでも気持ち的には、何とかしてやろうという一心だった。究極の強がりを発揮し、絶対に人とは違った状況に持っていくんだとしか考えていなかった。

それは自分の脳裏にある漠然とした不安を打ち消すためでもあった。いろいろなことが重なっていく中で、仕事をしないと収入を得られないし、収入がないと生きていけない。

とにかく今のような状況でも、なんとか仕事に繋げられるようなきっかけを作りたいともがいていた。

右腕のシャントを回避し腹膜透析に移行

起立性低血圧症に苦しめられながらも人工透析を続ける中、徐々に慣れていき生活リズムが作れるようになっていった。その頃、京都での仕事が終了したことで、大阪の枚方《ひらかた》に移り住み、少しずつ小さな仕事が舞い込むようになった。また友人がサポートしてくれたことで、治療に専念できる状況にもなった。

そんな矢先に再び心不全を起こしてしまい、入院せざるを得なくなった。何とか心臓が安定し、半年ほどで退院できたものの、その後ちょっとしたことで左手の指先をケガしてしまった。その傷がなかなか治らず病院で診てもらうことになった。

血流が悪くなっているためではないかと検査を受けてみると、左腕にシャントを通しているため、血がシャントに集中して指まで届いていないという診断結果だった。

また、一般の人は前腕部分で血管が2つに分かれているのだが、自分は前腕ではなく上腕で分かれている特異体質だったことも、指先に血が届かない要因の1つだと言われた。

そこで先生からは、シャントを作り直して右腕に通しましょうと言われたのだが、その提案にはかなりの抵抗感があった。

ようやく野球教室の仕事が入るようになっており、そこでピッチングを披露することが生きがいになっていた。シャントを通してしまうと、ピッチングができなくなってしまうのではないかと恐れ、それだけは避けたいと先生に伝えた。

その後、足からシャントを通して人工透析を行える選択肢を提示してもらった。

さらに、自分でもいろいろ調べていく中で、腹膜透析というものを発見した。

腹膜透析とは、文字通り腹膜にシャントを通し人工透析を行うものだ。しかも調べたところによると、腹膜透析の場合、自宅で行うことができ、病院に行くのは2週間から1ヶ月に一度程度で済むということだった。

さっそく先生に相談したところ、「いいかもしれませんね」と前向きな言葉が返ってきた。4時間おきに透析液を入れ替えなければならないが、それが苦にならないのなら大丈夫だと。さらに腹膜透析ならオーバーナイトと言って、自宅で寝ながら人工透析ができる器具があるとも教えてくれた。

とりあえずオーバーナイトの腹膜透析を試してみたのだが、最初はかなり相性が悪かった。人工透析は除水ができないと意味がないのだが、それがオーバーナイトの腹膜透析ではうまくいかなかった。そこで自分で透析液を交換する腹膜透析に変えてみることにした。

腹膜透析に変えたことで、透析中に1時間ほど透析液を交換する時間が必要とはいえ、病院に通院する手間が省けた。その分、かなり自由に動けるようになり、時間にゆとりが持てるようになった。

最後の機会だと考え1週間のアメリカ旅行に

ちょうどその頃、知人からアメリカに視察に行かないかと誘われた。

闘病生活を続ける中、ずっとMLBを観戦し、情報を集めることが自分の生活の一部になっていたし、現場に行って最新情報に触れたい思いを常に持っていた。

宿泊先のホテルでも腹膜透析はできる。この機会を逃したらアメリカを訪れることは二度とできないと考え、無理をするかもしれないが、人知れず海を渡る決意をした。


長時間のフライトを無事に終えアメリカに到着し、予定したスケジュールを消化しながらいろいろな場所を訪れた。

施設を見学し、懐かしい人たちと再会もできた。

そして長年憧れ続けていたニューヨーク州クーパーズタウンに赴き、初めて野球殿堂博物館を訪問することができた。

ただ、1週間の滞在予定だったのが、途中から体調を崩してしまい、最後の3日間はかなりしんどい思いをした。東海岸がかなり冷え込んでいた影響か、発熱してしまい、1日だけ何もせずにホテルのベッドで寝込むことになった。

腹膜透析はしっかり行っていたので、糖尿病の面では何の問題もなく過ごせ、無事日本に帰国することができた。

体調が万全ではない中で、アメリカ旅行を強行する必要があったのかと懐疑的な見方もあるかもしれない。だが自分は、アメリカを訪れることができて満足できたし、今もまったく後悔はしていない。

第3章　そして、右腕切断へ……

腹膜透析によって引き起こされた新たな心臓疾患

1週間のアメリカ旅行から帰国した後は、体調も回復し引き続き自宅で腹膜透析を続ける日々を過ごしていた。念のため説明しておくが、アメリカ滞在中の体調不良はあくまでも寒さによる風邪のような症状であり、糖尿病によるものではなかった。滞在中も病院で処方された薬をしっかり服用し、ホテルで腹膜透析を欠かすことはなかったので、糖尿病の症状はずっと安定していた。多少無理をした旅行ではあったものの、腹膜透析さえ続けていれば外出できる喜びが芽生えていた。

2023年の年明けは自宅で迎えることができ、ようやく日常生活のルーティンを確立できたように思えたのだが、徐々に息苦しさを感じるようになり、体調が優れない日々が続くようになった。

心不全を経験していることもあり、何か心臓に問題が生じているのではないかと感じた。透析病院でその旨を伝え診察をしてもらったところ、心臓に水が溜まり機能が低下していることが判明した。そのまま入院することが決まり、機能改善を目指すことになった。

病院の先生から説明を受けたところ、腹膜透析は通常の透析よりも除水量が少ないため、どうしても心臓に負担がかかってしまうということだった。

そのため、腹膜透析を止め、今度は右の鎖骨に透析用のバイパスを通すことになった。

第2章で説明したように、現役時代に心臓の大きさを指摘され、さらに心不全まで引き起こしている。今回は心筋梗塞にはなっていなかったが、このまま腹膜透析を続けて心臓に負担をかけることは得策ではなかった。

個人的には、心不全を起こしたときにカテーテル手術を受けていたので、多少なりとも心臓の機能が改善されたと考えていた。だが、のちに心臓弁膜症の診断を受けることからも、糖尿病と同様に、心臓疾患もしっかりケアしなければならない状況だった。

ただ、右側の鎖骨にバイパスを通すことに、内心では不安と抵抗があった。

シャントを左腕から右腕に変更すると打診された際に腹膜透析を選択したように、右半身にメスを入れることは素直に受け入れられなかった。心臓の状態が改善したとしても、鎖骨にバイパスが通されている状態では、野球教室でピッチングが披露できない不安があったためだ。

だが今回ばかりは、自分の本音を先生に伝えることなく、「もう仕方がない」と従うだけだった。

右足中指の低温火傷が感染症に発展、切除へ

人工透析のやり方を変えたことで心臓への負担が軽減され、退院することができた。

週3回の透析を続けながら自宅で過ごす生活を再開したのだが、また新たなハプニングに襲われることになった。

この日はとても寒く、石油ファンヒーターで暖を取っていたら、ついうたた寝してしまった。多くの方が経験したことのある、日常の何気ない一コマだと思う。

目を覚ますとすでに夕暮れ時になっていた。

就寝前に風呂に入ったところ、なんとなく足の指先がチクチクするのを感じた。見てみると、右足中指に水ぶくれができていた。足がファンヒーターに近すぎたため、低温火傷をしてしまったのだった。

本来であれば、うたた寝している途中か、目覚めた後に気づいていただろう。だが自分は、糖尿病の影響で末梢神経がやや麻痺していたため、風呂に入るまでまったく気づかなかった。

翌日、病院で人工透析を受けることになっていたので、先生に状況を説明したところ、「感染症になったら怖いので、丁寧に処置しておきましょう」とのことだった。

病院で人工透析と並行して、定期的に低温火傷の治療を受け続けた。

その後、先生から「だいぶ治ってきましたね」とお墨付きをもらったこともあり、運動不足解消のためウォーキングを再開することにした。

再開してから数日経った頃、歩きながら足の裏にちょっとした痛みを感じていた。現役時代にも足底筋膜炎で似たような経験をしていたため、それほど焦ってはいなかった。

その日も人工透析をする日だったので、念のため先生に足の裏に痛みが出たことを伝えた。

右足を見せると、先生の表情が瞬く間に険しくなっていった。

「傷口から菌が入ってしまったようです。感染症にかかっています」

即座に処置が必要とのことだった。

その処置というのは、感染症にかかってしまった患部の切除だった。

先生に足の痛みを相談してから右足中指の切除まで、時間にしてわずか30分。気持ちの整理などつくはずもない、あっという間の出来事だった。

忘れもしない4月10日のことだった。


それでも自分は、間違いなく幸運だったと思っている。

あくまで痛みは足の裏のみで、中指自体に何の痛みも感じていなかった。感染症はあっという間に拡大してしまうもの。もしその日が病院で人工透析を受ける日ではなく、足底筋膜炎だろうという見立てを信じて自宅で過ごしていたら、中指どころか足を切断する事態を招いていたことだろう。


右足中指を切除した後も、感染症の進行具合をこまめにチェックしなければならないため、再び入院生活に戻った。

人工透析と切除部分の治療を続けたが、足の診断は重症下肢虚血だった。つまり足の末端まで血液が届いていなかったのだ。人工透析を始めて以降、起立性低血圧症に悩まされ、さらに心臓疾患と、通常の血流状態ではなかったことは間違いないだろう。

その後は感染症が拡大する兆候はなかったものの、先生からは「まだ感染症が広がるリスクがあります。そうなると足を切断しなければならなくなります」と、大きな病院への転院を打診された。血流が悪いということは、免疫力、治癒力の低下を招く。決して楽観視できる状況ではないということだった。


何とか足を残したい一心で病院を探し始めた。

先生の勧めもあり、東京の東邦大学医療センター大橋病院（東邦大学病院）に転院することになった。そして、車椅子に座ったまま新幹線に飛び乗り、そのまま病院のベッドに運び込まれた。


転院した後も、人工透析と右足患部のケアを続ける日々を過ごした。

切除部分の傷口がなかなか塞がらなかったこともあり、毎日切除部分の治療を行い、その状態を確認する。いわゆる経過観察を続ける状況だった。

傷口が広がったり、腐食したりする兆候はなかったものの、傷口が塞がらないので自由に歩き回ることができない。ベッドに寝たきりで、移動する場合も車椅子を利用するしかなかった。

傷口を治療してもらう際、本来なら多少の痛みを感じてもおかしくないのだろうが、自分は何の痛みも感じなかった。これも糖尿病の影響かと思い看護師に相談したところ、「そんなに心配しなくても大丈夫ですよ」とのことだった。

少しでも傷口の処置を怠れば、また再び菌が侵入し感染症を引き起こしてもおかしくない状況が続いていたが、病院も慎重に対処してくれていたし、自分も気を抜くことはなかった。

そうして経過観察を続け、少しずつ傷口の状態が改善し、先生から「足の切断は免れることができましたね」と言ってもらえるまでになった。

今後は傷口のケアではなく、中指を失った右足のリハビリをメインにしていくとのことで、東邦大学病院から足専門の病院に転院し、日常生活に復帰すべく本格的なリハビリに移行した。

そしてリハビリを終え、ようやく退院することができた。

それ以降は東京に残り、飯田橋にある透析病院で人工透析を続けることになった。

すでに季節は夏真っ盛りになっていた。

右足中指切断前に起こっていたある兆候

話は前後するが、ここで、右足中指を低温火傷するよりもかなり前に起こった出来事を1つ紹介しておきたい。

何が原因だったかははっきり記憶していないが、ちょっとしたことで左手の指を負傷したことがあった。

そのときもなかなか傷の治りがよくなかった。

今考えると、それも糖尿病の影響だったのかもしれない。

ただ当時の自分は、別の原因を考えていた。

実は数年前のことなのだが、ものを摑《つか》んでは手からこぼれ落ちる現象が続いていた。

引退後は握力も落ちていたが、何か脳に問題があるのではと思い、病院で診てもらうことにした。

脳に関しては異常なしと診断されたが、念のため整形外科で別の診察を受けた方がいいのではないかと言われた。整形外科で精密検査をしてもらったところ、「おそらく、トミー・ジョン手術の影響ですかね」とのことだった。

ただその一方で、整形外科の先生から「佐野さんは糖尿病の症状がありますか？」と尋ねられた。「血糖値は高めです」と答えると、「それならば血行不良になっている可能性がありますね」との返答だった。

そうした経験があったため、左手の患部の治りが遅いのは、血行不良が原因なのだろうと認識していた。だが、右足中指切断が示すように、そんな悠長な状況ではなかったことを、後になって思い知らされることになったのだった。

心臓の違和感により再入院。心臓弁膜症と診断される

再び自宅から病院へ人工透析を受けにいく生活に戻ってわずか数日後。なかなか咳が止まらなくなり、病院で診断を受けたところ、新型コロナウイルスに感染したことが分かった。38度前後の発熱があり、本来なら自宅で療養したいところだが、人工透析は続けなければならないため、隔離状態で受けることになった。

なんとかコロナの症状は5日程度で収まり安心していた矢先、また新たなアクシデントが起こってしまった。

病院で人工透析を受けている最中のこと、なんとなく心臓がチクチクする感覚に襲われた。それを先生に相談すると、心不全を起こしたこれまでの経緯もあり「ちょっと心配なので、大きな病院で診てもらいましょう」ということになった。

再び東邦大学病院にお世話になり、精密検査をした結果、心臓弁膜症との診断を受けた。

そこからは、糖尿病の治療とともに、心臓弁膜症の治療も並行して行われることとなった。最終的には、弁膜症の状態を改善するため、開胸手術もしくは心臓カテーテルを受ける方向で話が進み、糖尿病の状態を見ながら判断していくことになった。

新たな入院生活を続ける中で、ちょっとした心配事があった。

右手人差し指にできたちょっとした傷がなかなか治らなかったのだ。

前述したように、以前左手指の傷がなかなか治らなかった際に、先生から血行不良の可能性を指摘されていたので、今回もそうなんだろうと考えていた。

念のため病院の先生に右手について相談したところ「血流を改善するためにカテーテルを入れてみましょう」ということになった。右手甲にカテーテルを入れたところ、明らかに血色がよくなるのがわかった。「やはり血流がよくなかったんだな」と合点し、これで指の傷もよくなっていくだろうと考えていた。

また序章で説明したように、カテーテル手術を受けた直後に、アナフィラキシーショックを起こしてしまった。造影剤が原因だったようで、先生や看護師の人たちを慌てさせてしまった。

なんとか状態が落ち着き病室に戻れたものの、その後に予定されていた心臓弁膜症の治療を難しくすることになった。それについてはもう少し先で触れることにしたい。

手の血流がよくなり、引き続き指の傷をチェックしていたのだが、なぜか傷が広がっていくのが分かった。最初は傷が治る過程で起こる現象だと気にも留めていなかったのだが、右足中指を切断することになった経緯もあり、先生に傷を診てもらった。

「指の状態もちょっと気になります。感染症にならないように気をつけた方がいいですね」

こちらも治療を受けることになった。

今度は右手に感染症が広がり2本の指を切断

そうして、右足患部だけでなく、右手人差し指の傷口も綺麗に洗浄し、菌が入らないように心がけていたのだが、数日経過すると傷口の周りが黒ずみ始め、膿が溜まるようになっていった。

先生に診てもらったところ「これは気をつけないといけないですね」ということになり、さらに念入りに洗浄を行い、薬を塗ったガーゼを貼り付け観察を続けた。

そんな処置を1日置きに2週間ぐらい続けたのだが、傷口は改善するどころか悪化する一途を辿《たど》った。膿が溜まりじゅくじゅくの状態になっていた。

そして先生から「このままではさらに感染症が広がってしまう恐れがあるので、右足のときのように指を切断した方がいいです」と告げられた。

「今度は右手かよ」と悲嘆する自分に、さらなる追い打ちが待ち受けていた。
パンパンに腫れ上がった人差し指のみならず、途中から中指も腫れるようになり、指先が変色し始めたのだ。念のため中指も薬を塗ってもらったのだが、こちらも腫れが広がっていく一方だった。

すでに人差し指は切断せざるを得ない状態になっていたが、中指に関しては「一度開いて中を確認しないと分かりません。感染が確認された場合は中指も切断することになります」ということだった。すでに右足中指を失った一連の流れを経験していることから、自分の中では2本の指を失う腹づもりでいた。
そして、結果的に、2本同時に切断する処置が行われた。

2本の指を失った後は、感染症が拡大しないよう患部の状態を観察していくことになった。記憶では2日後くらいに手の甲に痛みを感じるようになったのだが、手が腫れる様子はなく神経的な痛みだった。切断によりどこか神経を痛めたのかもしれない。徐々に収まっていくだろうとのことで、引き続き1日置きに患部を洗浄しながら経過観察を続けた。

右足の感染症は、拡大を食い止めることができ最悪の事態は免れたが、今回はこちらの願いが打ち砕かれてしまった。

患部の洗浄を続けていたものの、痛みを感じていた右手の甲が腫れ始めたのだ。これ以降はあっという間に症状が拡大していき、手首、前腕にまで腫れが広がっていった。

そこからは洗浄を毎日行うようになり、さらに切断箇所の縫合を開き、患部に溜まった膿を取り出した後で洗浄を続けた。洗浄は麻酔を使わず行っていたので、日々苦痛との闘いだった。

そんな状況を1週間ほど続けたものの、残念ながら膿はさらに広がっていった。これ以上同じ処置を繰り返しても効果は薄いということになり、序章で述べたように、最終的には先生から右腕切断の必要性を通告されたというわけだ。

いかがだろう。

京都で一人暮らしを始めてから、食生活に多少の難しい面があったとはいえ、自分なりに糖尿病と向き合い、治療と節制を続けていたつもりだ。

だがちょっとした不注意で右足中指を低温火傷してしまってからは、感染症に苦しめられ、右足中指、右手人差し指と中指、そして右腕を失うことになったのだ。

もちろんお世話になった病院では、先生も看護師も最善を尽くしてくれた。

それでも、感染症を食い止めることはできなかった。

「糖尿病は恐ろしい」

そう訴え続けている意味が、理解してもらえたのではないだろうか。

右腕のない生活の始まり

序章で記したように、右腕の切断手術が終わった後にHCUへ移され、麻酔から目覚めた当初はパニックを起こしてしまった。だが、看護師さんたちのおかげで徐々に落ち着きを取り戻し、自分の置かれた状態をきちんと認識できるようになったし、右腕を失った自分自身を受け入れることができた。

手術後に最も重要なことは、これ以上感染症を広げないこと。

自らの意志でヒジの上部から切断することを決めたが、ここで食い止められる保証はどこにもない。先生たちも最大限の配慮をしてくれ、経過観察を続けてくれた。

一方、自分の中では、あらゆることを左手でこなす生活をしていかなければならないというマインドになっていた。手術後は、ずっと痛み止めを処方されていたので、切断部分に痛みを感じることもなく淡々と過ごすことができていた。そのため、ベッドの上で、字を書く練習や箸を使う練習に取り組んでいた。

ちなみにＨＣＵの看護師さんたちの対応は、一般病棟と比べやや厳しめだった。自分はそれほど厳しいことを言われたりはしなかったが、他の患者さんに対しては、彼らの要望に合わなかったとしても「ダメなものはダメ」と叱責していた。

一度、切断箇所の確認に来ていた形成外科の先生に、「ここの看護師さんたちはみんな厳しいですね。はっきりものを言うので怖いんですよ」と冗談混じりに話したことがある。「ここの病棟の看護師さんはみんな命を預かっているので、そうなりますよね。だから早く一般病棟に戻りましょうね」と返してくれた。

そこで「そうですね。優しい看護師さんたちのところに戻りたいです」と再びジョークで応じたところ、術後の経過がよかったこともあり、２日後には一般病棟に移れた。そしてＨＣＵを離れる際に、看護師さんに直接「あんた強気やな」と本音をぶつけたら、看護師さんは笑いながら「優しい看護師さんが待つ一般病棟に戻れてよかったですね。お大事に」と心温まる声をかけてくれた。

一般病棟に移っても、生活自体にほとんど変化はなかった。引き続き切断箇所の経過観察を続けている状態で、トイレに行くこと以外はベッドの上で過ごすしかなかった。ただ精神的にすごく安定していたので、看護師さん相手に「あなたたちの優しさが身に沁《し》みるよ」と軽口をたたきながら日々を過ごしていた。

今振り返って感じることではあるが、自分の人生を支え続けてくれた右腕を失った後、ふさぎ込んだり落ち込んだりしてしまえば、自分がダメになってしまうという思いが強かったし、そういう姿を人に見られたくなかった。

そうした思いから、今まで通り自分らしく人と接しようと、究極の強がりがここでも作用していたのだと思う。

当然のことだが、右腕を失ったことでさまざまな不具合が生じた。

それを看護師さんに報告する際も、決して深刻な顔をせずすべてジョークに変えようとしていた。結局退院する日まで、一度も病院の先生や看護師さんたちに弱音を吐いたことはなかったと記憶している。

だが精神状態とは裏腹に、ベッドで寝たきりを続けていれば、体力は自然と落ちてしまうもの。トイレに行くことすら大変な作業だった。

自分で歩こうとするとバランスを崩してしまうので、危険だという判断で歩行は禁止されていた。トイレに行く際は車椅子に乗せてもらい看護師さんに運んでもらうのだが、ベッドから車椅子に移るとき、また車椅子からトイレの個室に移るときに立ち上がらなければならない。相変わらず血圧の上下動が激しかったこともあり、頻繁にふらつきを起こしてしまっていた。

当時の自分の心境は、体力を戻したいというよりも、なんとか感染症の拡大を止めたいという思いだけだった。

精神的に安定していたとはいえ、感染症拡大の不安は常につきまとっていた。感染症と闘いながらも右足中指、右手人差し指と中指、さらに右腕を失っていく中で、すでに感染症の怖さを十二分に思い知らされていた。それだけにちょっとした傷ができただけでも、常にゾッとさせられ、心中穏やかではなかった。

それと同時に、切断箇所の経過観察として先生たちと話をする中で「糖尿病の影響もあり、回復が遅い」という指摘を受けていた。血圧が上下動を繰り返していることからも明らかなように、引き続き血流がよくなかった。心臓弁膜症も抱えており、不安材料はずっと残ったままだった。それだけに自分としても事あるごとに消毒を続けるなど、慎重に慎重を期していた。

切断箇所の回復が芳しくないということで、切断箇所の縫合を一旦開いて、中の様子を確認することになった。その処置は自分の目の前で行われたので、一部始終を見守ることに。自分の右腕とはいえ、なかなかにグロテスクだった。ただ、入院生活の時間潰しで医療系ドラマを視聴していたせいなのか、それとも元々の自分の性分なのかは分からないが、最後まで冷静に処置を観察することができた。

その後も、切断箇所の状態を確認しながら定期的に洗浄する日々が続いた。

ちなみに、縫合を開く処置は冷静に見守れたが、洗浄に関してはまったく別だった。縫合を開き切断箇所に触れることになるので、麻酔をしても激しい痛みに襲われた。洗浄は1時間ほど続くため、本当に悪夢のような時間だった。

そうした状況を察してくれたのか、途中から専用器具を切断箇所に装着し、自動的に洗浄してくれる方式に切り換えてくれた。それ以降は痛みのない日々を過ごせるようになった。

期待していなかった娘の見舞いに感激

前章で触れているように、知人の誘いを受け京都に引っ越すことになった理由の1つは、妻との協議離婚が成立し天涯孤独になったためだ。

ちなみに、これまでは私生活を語ることを控えてきたので、離婚したことを公にするのは今回が初めてだ。家族への配慮でもあり、自分としても人に伝えて嬉しい話題でもなかったので、あえて避けてきた。

それ以降、元妻とは養育費等の事務的な連絡を取り合うのみで、プライベートを連絡するような関係ではなくなっていた。だが、元妻が気分を害さないように気を遣いながら、娘とはちょくちょく連絡を取り合っていた。また、娘を通じて息子の様子も確認していた。

娘と連絡を取りつつも、心配をかけたくない思いもあり、離れて暮らし始めてからは自分から進んで糖尿病の話をすることはなかった。

また序章で記しているように、右腕を切断する前日に、自分の思いを余すところなくブログに綴った。その際、子どもたちの誕生にも思いを馳《は》せ、右腕で抱き上げたエピソードも加えたのだが、どうやら元妻は快く思っていなかったようだ。

そうした事情を鑑みて、なるべく子どもたちとも関わりを持たず、1人で糖尿病と闘っていく覚悟でいた。

人前では究極の強がりを貫いているものの、子どもたちが側で見守ってくれた方が心強いことは、説明するまでもないだろう。自分が弱ってしまっていただけに、ますます彼らに会いたいという気持ちが募ったが、押し殺すしかなかった。


そんな思いを抱えながら、数日前に移った一般病棟で過ごしていたら、娘が1人でこっそり見舞いに来てくれたのだ。ブログやネットニュースをチェックして、彼女なりに心配してくれて病院に足を運んでくれたのだと思う。まさかの出来事に思わず感極まってしまった。

溢《あふ》れ出す感情を何とか抑えながら、久々に会えた娘を前にできるだけ冷静に振る舞うように心がけた。そして笑みを浮かべるとともに「パパ、こんな感じで元気でおるから大丈夫やで」と、これまで彼女に接してきたままの口調で語りかけたつもりだ。元妻には内緒で来た見舞いなので、長居することなく病院を去っていった。

傍から見れば、淡々とした父娘《おやこ》の交流に見えたかもしれない。だが、1人になってからずっと苦しい時間を過ごしていただけに、娘との他愛もない会話が、かけがえのない時間となった。今でも娘の心配りには感謝してもしきれない。

心臓弁膜症の治療のため転院。すると思わぬ診断結果が……

切断箇所の回復具合がやや遅かったとはいえ、少しずつ回復に向かっていた。心配だった感染症の拡大も、その兆候は表れなかった。1日も早く退院して実生活に戻りたかったので、左手でなんでもできるように、より一層力を入れて取り組んだ。また、看護師さんの手を借りずに行動できるように、少しずつ自分で歩ける距離を伸ばしていた。トイレにも1人で行けるようになり、確実に前を向いて過ごせるようになっていた。

実生活に復帰するためには、感染症の拡大を抑えるだけでなく、心臓弁膜症を改善することも必要だった。先生には、心臓弁膜症も深刻な状況にあり、1日も早い治療が必要だといわれていた。

心臓機能が回復しなければ血流も改善されないし、感染症を再発するリスクも高まってしまう。そのため、切断箇所の経過観察を続けながら、どのように心臓弁膜症の治療に取り組んでいくかも話し合っていた。


そして話し合いの末、2つのどちらかで治療しようという方向で固まった。

1つは、心臓内に人工弁を挿入する開胸手術。

もう1つは、カテーテル手術により心臓機能の回復を目指すものだ。

ただ、どちらを選ぶにしろリスクは伴うため、難しい決断を迫られた。

開胸手術は、長期間の入院生活で体力が落ちている自分が耐えられるか不安があるし、切断箇所が完全に治っていない状況で、心臓に異物を挿入すること自体もリスクになる可能性があった。

一方、カテーテル手術なら体の負担も少なく、弁膜症をある程度は改善できる期待が持てる。だが、少し前でも報告しているように、前回行ったカテーテル手術の際、術後すぐに造影剤の影響でアナフィラキシーショックを起こしてしまっていた。つまり、次回のカテーテル手術では造影剤を使用できないことになり、簡単な手術ではなくなってしまうのだ。

実をいうと、当初の予定では、切断箇所の回復を待ってすぐにカテーテル手術を行う方向だった。ところが、経過観察を続けている間も心臓の状態はあまり芳しくなく、時折息切れに見舞われたかと思えば、激しい倦怠《けんたい》感に襲われ、一日中起き上がれないこともあった。

そうした症状を考えると、しっかり心臓の状態を確認しておくべきということになり、帝京大学病院に転院して再検査することになった。

いざ帝京大学病院に転院すると、予想外の結果が待ち受けていた。

改めて心臓弁膜症の検査を行ったところ「中等症」という診断を受けることになった。心臓弁膜症はその症状により四段階に分類され、上から超重症、重症、中等症、軽症に分けられている。

つまり自分は下から二番目の症状だと診断され、中等症は開胸手術の適用外だと説明された。自分は開胸手術を覚悟して転院していたので、いきなりハシゴを外された気持ちが強かった。

また、開胸手術をして人工弁を挿入したとしても、8年ぐらいで新しい人工弁に交換しなければならないとの説明を受けた。さらに、80歳まで生きると仮定するならば、今手術をしてもあと3回は人工弁を交換しなければならないし、高齢になってからの開胸手術はかなりの負担を伴うので、今無理をして手術をする必要はないのではないか、とも言われた。説明を受けて自分の気持ちはすぐに固まり「それなら僕は手術しません」と返事をした。

その一方で、心臓弁膜症に効果的な新しい薬があるということで、その薬を服用しながら1週間ほど様子を見ることになった。運よく期待通りの効果が表れ、心臓の状態が安定し始めた。

再び東邦大学病院に戻ることになったのだが、病院から「今救急車に空きがないので自分で移動できますか？」とのこと。移動を手伝ってくれる人がいない身にとっては厳しい申し入れだったので、救急車の空きを待つためにさらに1週間、帝京大学病院に残ることになった。

感染症が落ち着きようやく退院へ

東邦大学病院に戻り、帝京大学病院で中等症と診断され手術を回避したことを伝えると、先生は驚きの表情を浮かべていた。自分の心臓弁膜症に対し、「重症」と診断していたのだから当然の反応だと思う。

そして、帝京大学病院で処方してもらった薬がかなり効果的で、明らかに身体が楽になっていた。改めて先生と相談したうえで、心臓弁膜症に関してはその薬を飲み続けながら、当面は糖尿病の治療に専念することになった。

そうこうしているうちに、切断箇所の回復が徐々に進み、それに伴い感染症拡大のリスクが軽減していった。また、並行して行っていたリハビリも順調で、左手である程度、箸が使えるようになり、人が読める程度の字を書けるようにもなった。歩行距離も順調に伸び、日常生活に困らない程度にはなっていた。

まだ切断箇所が完全に塞がってはいなかったのだが、すでに通院でケアできる状態になっていると判断され、ようやく先生から退院の許可が下りた。先生から退院という言葉を聞いたとき、心の底から嬉しさが込み上げてきた。

「やっとシャバに戻れる」

心の中でガッツポーズした。

それから、入院前にお世話になっていた透析病院への申し送りなど、事務手続きが進められた。そして、8月20日。看護師さんに見送られながら、長期間過ごした病室を後にした。退院後も切断箇所の治療で通わなければならなかったが、一般病棟でお世話になった看護師さんたちには当分会えないだろうと思い、ジョークを交え「よいお年を」と季節外れの挨拶で別れを告げた。

この挨拶の裏には、ちょっとしたエピソードがある。

この章内で起こった一連の流れからも理解してもらえると思うが、前回、東邦大学病院を退院したときは、わずか4ヶ月後に病院に出戻りしてしまった。

実はそのときに、軽い気持ちで看護師さんに「またね」と声をかけていたのだ。つまり今回の挨拶は、単なるジョークではなく、心の奥底で「年内中に再発してここに戻ってきたくない」という思いも重ねていた。そんな思いが看護師さんたちに伝わったかは不明だが、「まだ早い！」と笑い飛ばされた。


ちなみに心臓弁膜症に関しては、今も薬を飲み続けている状態で、根本的な治療には至っていない。だが将来的に必ず治療していかなければいけないものだ。

今も東邦大学病院や帝京大学病院の診断結果だけでなく、知り合いの先生を通じて診断カルテをチェックしてもらい、更なるセカンドオピニオンに耳を傾けながら、最善の治療法を見出そうとしている。

そうした意見を聞く中で、自分の場合、カテーテル手術で使用する造影剤によるアナフィラキシーショックの不安のみならず、動脈硬化によりカテーテルが血管の中をスムーズに進まないリスクがあるとの説明を受けた。

また、現在心臓の機能が30%程度まで低下している中、カテーテル手術を受けても40%程度までしか改善が見込めないとの意見も届いた。

そのため最近では、開胸手術の方が心臓の機能を回復できると思い至り、いつの日か開胸手術を受けたいと考えている。そのためにも糖尿病の症状を安定させ、開胸手術に耐えうる体力を取り戻すしかない。

第4章　復活のピッカリ投法

左手だけで過ごす日常生活

退院後は、以前お世話になっていた飯田橋にある透析病院で週3回の人工透析、さらに切断箇所の経過観察をするため、週1回東邦大学病院に通う生活がスタートした。退院したからといって、すぐに日常を取り戻せるわけではないし、不安だらけで日常生活を再始動させた。

これまで病院でリハビリをしていたが、左腕のみで日常生活を過ごすのは初めての経験だ。しかも1人ですべてをこなさなければならない。最初は、何ができて、何ができないのかを見極めながら生活した。時間をかけながら経験を積むしかないので、それほど焦りはなかった。

最大の不安は、絶対に油断できない感染症の再発だ。

些細なことで感染症を発症し、それが瞬く間に拡大していく恐怖を身をもって体験しているだけに、衛生状態には万全を期した。常に先生や看護師さんが待機している病院を離れることに、不安がないと言えば嘘になるだろう。

入浴する度に、身体の隅々までチェックする日々だった。過去の反省から、自分が気づかないうちに傷や火傷などが生じていないか、自分で確認するしかなかった。何か見つかれば、すぐに透析病院に相談し、処置をしてもらっていた。

また、京都で一人暮らしを始めた頃と比較すると、食事にもかなり気を遣うようになった。血糖値を抑えるために栄養バランスに気をつけていたし、夏真っ盛りだったにもかかわらず、必要以上の水分及び塩分の補給にも気をつける日々だった。

体力及び筋力の衰えも、不安材料の1つだった。退院前にはようやく1人で歩行できる状態になっていたとはいえ、5年間のほとんどを病院のベッドで過ごしてきたのだ。寝ているだけで一定以上の体力・筋力を維持するのは不可能なことだ。

退院後、すぐに行動範囲を広げるのは危険だと考えて、退院直後は透析病院の近くのホテルに宿泊したのだが、飯田橋駅周辺はかなり坂が多い。ホテルから病院まで普通の人が歩けば15分程度で着ける道のりがとにかく長かった。途中から息切れし始めて、病院に着いた頃には、まるでインターバルトレーニングを終えた後のように、呼吸が苦しくなるほど息が乱れていた。

退院直前まで、自分なりにリハビリをやっていたつもりだったし、歩いてもしんどさを感じることはほとんどなかったので、ある程度体力は回復している感覚だった。だが、病院内では常にエレベーター移動で階段などは使っていなかった。

改めて体力の無さを痛感させられるとともに、心臓弁膜症も決して楽観視できない状態にあることも確認できた。

息を整えて人工透析を受けている間に、先生に相談したところ、「やはり佐野さんの心臓弁膜症は中等症ではないと思います」と言われた。今後も心臓弁膜症をケアしながら、人工透析をやっていこうということになった。

さらに、運動不足を痛感させられたこともあった。

退院してから数日後のこと、様々な書類手続きをするため区役所に行かなければならなかったのだが、リハビリ目的で歩いていったところ、足の裏にマメができてしまった。透析病院でしっかり治療してもらい事なきを得たが、たった数十分の歩行すら満足にできないことに寂しさをおぼえずにはいられなかった。

だからといって、マメを怖がって歩行距離を抑えてしまえば、いつになっても体力・筋力は戻らない。マメの痛みに耐えながらも、無理をしない範囲で毎日歩くことは欠かさないように心がけた。

生活面での不安もあった。

退院後に決まっていたことは、とりあえず飯田橋のホテルで何泊かした後、友人の住居を間借りしながら、生活の基盤をつくっていこうという程度。

先々に仕事のオファーが多少入っていたとはいえ、安定した収入を得られる環境は整っておらず、またゼロからのスタートだった。

京都の病院で腹膜透析に切り換えた後から、野球教室に呼ばれるなど少しずつ仕事が入り始めていたと説明したが、再び長期入院を余儀なくされ遠ざかってしまっていた。

それだけでなく、感染症により右足中指と右腕を失ってしまったのだ。今の自分がどんな仕事を受けることができるのかも含め、まったく先が見通せなかった。相変わらず相談できる相手もおらず、自分1人で切り拓《ひら》いていくしかなかった。

自分を支え続けた「左投げのピッカリ投法」

不安要素ばかりが目につく再始動になったものの、気持ち的には常に前を向いてこられたと思う。いつもの通り、究極の強がりを発揮したところもあるが、起きたことを悔やんでも後戻りはできないし、現在の境遇を悲嘆したところで状況は好転しない。まさに土壇場でマウンドを託されたリリーフ投手の心境そのもの。開き直って自分ができることをやるしかないと考えるようにしていた。

そうした気持ちの整理は、退院する前についていた。

右腕切断手術を終え、数日間HCUで過ごした後に一般病棟へ移ったばかりの頃だった。洗面所に行った際に何気なしに鏡に映った自分に目を奪われた。頭では理解していたものの、右腕が短くなった自分をまじまじと観察しながら、頭の中で「やっぱり、ないな」という思いが湧き上がった。直後に、

「受け入れないと仕方がない」

「でも受け入れるってどういうこと?」

「やっぱり受け入れられるわけない……」

「もう野球はできなくなってしまったんだ……」

と様々な感情が駆け巡り、激しい葛藤に苛《さいな》まれていた。

その中に、ネガティブな感情が含まれていることに気づき、「これは絶対にダメ

だ」と自分を制した。マウンドに上がる前に心の準備をするかのように、頭の中にあったネガティブ思考を排除しようとした。このときに、自分の気持ちをしっかり固めることができたと思う。

実際、洗面所から病室に戻るときには、ごく自然な流れで左腕を使いシャドーピッチングを試みていた。傍目にはどう見えたかは分からないが、自分の中では妙にしっくりくる感じがあった。

そこから「オレ、左腕で投げれるやん」と考えられるようになり、「左投げのピッカリ投法」での復活が、漠然とした目標になっていたように思う。

退院後1ヶ月ほど経過した頃、切断箇所の傷口がかなり塞がってきたこともあり、東邦大学病院への通院が週1回から月1回に減った。

自由にできる時間が増えたが、体力・筋力が万全ではないため、外出も長時間は難しい。また月水金の午前中は、人工透析のため病院に行かねばならないし、透析の後はどうしても身体を休めなければならないので、個人的な活動は午後に限られていた。

それでも、自宅から一駅離れたトレーニングジムを利用し、本格的なトレーニングも開始できるようになっていた。ジムへはできるだけ徒歩で移動するようにして、体力・筋力の改善に努めた。

本格的といっても、体力・筋力が衰え、右腕を失った人間のトレーニングなので、決して無理はできない。負荷をかけすぎることなく、今の自分ができるメニューを可能な範囲でこなすしかない。自分で卑下するのも何だが、運動不足の50過ぎのおっさんがするような、軽めのトレーニングでしかない。

それでも今の自分にとっては決して楽なメニューではなかった。現役時代のように様々なメニューを精力的にこなせるはずもなく、休憩を挟みながら1つ1つのメニューに時間をかけじっくり取り組むことしかできない。1回のトレーニングで2つ3つ程度のメニューしかできないが、2時間半くらい時間はかかった。

恥ずかしながら、外出中に道路につまずき、バランスを崩して右半身から倒れ込んでしまったこともあった。右腕がつけないのでド派手に転んでしまい、周りの人たちを驚かせてしまった。体力・筋力が備わっていれば転倒せずに耐えることができたかもしれないし、右足中指と右腕を失っている分、今までのようなバランスがとりにくくなっている面があるのかもしれない。いずれにせよ、転倒してケガをする怖さはあったが、体力・筋力の回復を優先させ少しでも歩く時間をつくるようにしていた。

この頃になると、「左投げのピッカリ投法」での復活は、漠然とした目標ではなく、達成すべき明確な目標になっていた。

全国学童野球振興協会のシニアディレクターを務めさせてもらっている縁で、毎年くら寿司さんが冠スポンサーを務める学童軟式野球全国大会（通称ポップアスリートカップ）に参加させてもらっていたのだが、自分の退院を聞きつけた大会関係者から、内々に大会当日に始球式をやってみないか、という打診を受けたのだ。

これまでも何度か始球式を務めたことがある、思い入れの強い大会。

ここで「左投げのピッカリ投法」を披露できるのは自分にとっても光栄なことだ。左投げでどの程度投げられるのか未知数だったとはいえ、やってみたい旨を関係者に伝えていた。

始球式は12月21日に行われることが確定していたので、当日までの青写真を描きながらトレーニングに取り組むことができたし、「マウンドの上からストライクを投げたい」という思いが大きなモチベーションにもなっていた。

トレーニング開始前後から、自分の公式YouTubeの動画撮影以外にも、トークショーやイベントの出演依頼、メディアの取材依頼が入るようになっていた。

その時点では、まだ始球式について明らかにすることはできなかったのだが、自分の中の決意表明として、取材を受ける度に「必ず皆さんの前に元気な姿をお見せします」という言葉を口にしていた。

また学童軟式野球の全国大会という晴れ舞台で、右腕を失った自分が始球式を務め上げることで、同じように糖尿病と闘い続けている人たちに夢や希望を与えられるかもしれないとも考えていた。

さらに、始球式を通じて、もっと多くの人たちに自分の存在を知ってもらえることになるだろうし、自分の主戦場であるグラウンドを飛び越えて、糖尿病と闘う人たちと直接触れ合い、また一般の人たちに糖尿病の怖さを伝えられる機会も増えていくのでは、というささやかな期待も芽生えていた。それほど始球式は単なる目標ではなく、退院後の自分の支えになっていた。

それと、左投げでしっかり始球式をこなせれば、今後も人とキャッチボールができるだろうし、さらに打者と対戦することも夢ではなくなる。そうなれば、様々なかたちでグラウンドに立てる機会を増やせるかもしれない。

つまり左投げの始球式を成功させることは、新たな野球人生を切り拓くことに繋がるともいえるのだった。

始球式以外にも、自分を心躍らせてくれる出来事があった。

退院する少し前に知人が教えてくれたことなのだが、障害者スポーツの中に「ソフトボール投げ」という競技があるらしく、その日本記録が、どうやら50メートルということだった。

自分の中で「左投げのピッカリ投法」は1つの目標ではあったが、それが完成形ではないし、できることが増えてくれば、さらに上を目指したくなるのは必然だ。

ソフトボール投げの記録更新は漠然としたものではあったが、いつしか超えたい新たなモチベーションになっていた。


無理をせず地道にトレーニングを続けることが幸いしたのか、体調に変化の兆しが現れるようになった。体内に装着した器具を通じて、血糖値の数値がスマホに毎日送られてくるのだが、安定してほぼ正常値に止まるようになった。

もちろん毎日薬を服用していたし、週1回は食欲を抑える注射を打たなければならないが、インシュリンを打つ必要はなくなっていた。また心臓弁膜症の症状も緩和され、激しい息切れをしないようになっていた。

そうした日々が続くことで、退院後に抱えていた不安は少しずつ安心に変わっていった。だからといって日々のケアは怠ることができなかったし、体調も上がったり、下がったりの状態だった。

4時間を要する週3回の人工透析はどうしても身体への負担を伴うものだし、相変わらず人工透析の前後は血圧の上下動が激しく、時には激しい倦怠感に襲われ、なかなか起き上がれないこともあった。

ただ何とかトレーニングは継続することができていたし、感染症が再発する兆候も見られなかったので、確実に正しい方向に向かっていると安堵できるようになっていた。

左投げを始めた当初は10メートルほどしか投げられなかったが楽しかった

突然襲われた激しい腰痛と新たな感染症の発覚

12月21日の始球式を目指し地道なトレーニングを続けた。

思い描いていたスケジュールより少し遅れてしまったが、11月14日から左投げの投球練習を開始できるまでになった。

このことはブログでも報告させてもらっているが、初練習では10メートル程度しか投げられなかった。それでもボールを投げられたことが嬉しかったし、いろいろ試行錯誤しながら投げられたことで、改めて野球の楽しさを味わうこともでき、始球式に向けモチベーションをさらに上げることができた。

そして3回ほど投球練習を行った後、数日後にメディアの前で投球練習を披露することが決まった。

だが、いつものようにトレーニングで汗を流し帰宅した夜、予期せぬ事態に見舞われることになった。鼻がむずがゆく2回連続で大きなくしゃみをした際に、腰に激痛が走った。この瞬間、「ヤバい、ぎっくり腰だ」と悟った。

というのも、数日前からくしゃみが出たときや起き上がるときに、腰に少し違和感があり、「気をつけないとぎっくり腰になってしまう」と意識し始めた矢先のことだったからだ。

ぎっくり腰は、学生時代に一度だけ、パチンコを長時間やり過ぎて経験済みだったのだが、今回の痛みはそれをはるかに上回っていた。ちょっと身体の向きを変えようとしただけで激痛に襲われ、ほとんど身動きがとれなかった。

痛みに耐えながらほとんど眠れない夜を過ごしたが、一向に和らぐ気配はない。それでもこの日は病院で人工透析を受ける日だったので、何とか起き上がろうとしたのだが、痛みでどうしても起き上がれない。もう無理だと判断して病院に連絡し、人工透析をキャンセル。この日は安静に過ごすことにした。

ただ2日連続で人工透析をしないわけにはいかないので、安静にしながらもYouTubeでぎっくり腰関連の動画を次々にチェック。少しでも痛みを和らげ起き上がれるように頑張ってみた。そんな努力も虚しく、症状は改善されないまま眠れない2日目の夜を過ごすしかなかった。

翌朝になっても起き上がれそうにないので、透析病院に相談の電話を入れた。そこで、救急車で自宅近くの病院に運んでもらい、人工透析と腰の診断を受けたらいいということになり、迷うことなくその指示に従った。

搬送された病院で痛み止めの薬をもらった後、人工透析と腰のCT検査を受けた。検査の結果、予想通りぎっくり腰と診断され、様子を見るため一晩入院することになった。痛み止めの効果で痛みはかなり緩和され、翌日には何とか動けるように。週末のため病院に残っても人工透析を受けられず、退院して自宅に戻ることになった。

これで一件落着かと思いきや、まだ収束することはなかった。

薬により痛みが緩和されたとはいえ、相変わらず動く度に激しい痛みが生じるため、自宅に戻ってからも安静に過ごすしかなかった。

痛み止めの薬を服用しながら週末を過ごし、人工透析を受ける日がやってきた。痛みを堪えながら何とか透析病院に向かうことはできたが、人工透析を終え帰宅する間際になると、薬の効果が切れたのか激しい痛みが続くようになった。予備の薬を持っていかなかったため、病院で動けない状態になってしまった。

どうにも困り果てて病院に相談した結果、提携している日大病院に運んでもらうことになった。また救急車で搬送され、今度は日大病院で腰の精密検査を受けるため、直ちに入院手続きがとられた。

翌日に採血やCT検査、MRI検査などを受け、最終的に下った診断は、腰椎の3番と5番が感染症を発症し、膿が溜まっているということだった。さらに「薬で散らすことができなければ手術をしなければなりません」とも伝えられ、その瞬間、長期入院が確定してしまった。

12月21日の始球式で「左投げのピッカリ投法」を披露するため、少しずつ準備を進めていただけに、まさに悪夢のような宣告だった。

正直「またかよ」と落胆する気持ちを感じずにはいられなかったが、すぐに気持ちを切り換え、少しでも腰の状態を改善し、始球式を披露することだけを考えるようにした。

だが、今回は患部が腰であり、痛み止めの薬を服用しても相変わらず痛みが完全に消えることはなかった。ベッドで寝たきりの生活に逆戻りすることになり、人工透析を受けるのもトイレに行くのもベッドに寝たまま運ばれる状態だった。

感染症の診断を受けた後、症状を改善するため抗生剤を打つようになった。だが、人工透析を定期的に受けることで、血液内の不純物を取り除くだけでなく抗生剤の効果も奪ってしまうため、なかなか効き目が表れず一進一退の状態が続いた。

抗生剤の効果はあまり期待できないということになり、切開手術を決断する前に、まずは内視鏡を使い患部を洗浄して様子を見ることになった。この洗浄が功を奏し、痛みは大きく緩和され、楽に動けるようになった。

そこで先生に始球式の件を相談してみたところ、外出許可が下りたため、何とか始球式に参加できる目処《めど》は立てられた。だが寝たきり生活は変わらずで、本番までに投球練習を再開することなど夢物語だったたし、せっかくトレーニングで戻りつつあった体力・筋力も衰える一方だった。

さらに追い打ちをかけるように、常時ではないが時折大きな痛みが出る状態が続いた。始球式の数日前にＭＲＩ検査を受けたところ、今度は臀部《でんぶ》と腰椎の辺りに新たな感染症が見つかり、膿が溜まっていると診断された。こちらも抗生剤もしくは洗浄で対応していくことになったのだが、骨まで感染症が広がっている場合は、切開手術で骨を削りボルトを挿入しなければならないと説明された。

感染症には細心の注意を払い生活していたにもかかわらず、結局今回も再発。拡大を防ぐことはできなかった。

前日に、ほんの少し歩行練習をしただけの、万全とは程遠い状態で、始球式当日を迎えることになった。まさにぶっつけ本番だった。

嬉しさよりも悔しさの方が大きかった始球式

マウンド上からストライクを投げるという構想は、完全に夢物語になっていた。とにかく試合会場の神宮球場に向かい、いつものように帽子を脱ぎ去り、左手で投げる姿を披露さえできればいいという気持ちだった。また、前日にしっかり歩行することができたので、自分の足でマウンドに立てるだろうと思っていた。

右腕を切断して以降、初めて顔を出す公の場。さらに始球式を務めるということで、TVや新聞など多くのメディアから取材申請が届いていることを、大会関係者から聞かされた。大会運営サイドもすごく気遣ってくれ、囲み取材を含めしっかり段取りを組んでくれた。

そして当日、8時に球場入りできるよう病院を出ようとした。

ところが、ベッドから起き上がると、明らかにおかしかった。

前日は歩くことができたのに、立っているだけでうまくバランスが取れず、ふらついてしまうのだ。何度も経験している低血圧症だった。

それでも何とか自分の足でタクシーに乗り込もうとしたのだが、やはり普通に歩くことができずバランスを崩してしまい、病院の受付前で右半身から派手に転倒してしまった。病院側も大慌てとなり、一般病棟や整形外科の先生たちが駆けつけ、「一度、病室に戻りましょう」と勧めてきた。

だが自分は、その言葉を素直に受け入れられないほど追い込まれていた。

大会運営サイドが、自分を迎えるために万全な準備を整え、多くのメディアが自分を待ってくれているのだ。どんなことをしてでも球場に向かう選択肢しか存在しなかった。

「絶対に戻らない、絶対に行かなあかん」

病室に戻るという進言を断り続けたため、先生は何度か血圧を確認した上で、ようやく送り出してくれた。それでも球場入りは大幅に遅れてしまい、開会式が始まる寸前に滑り込むかたちになってしまった。

球場に到着した後も大変だった。

タクシーにはスムーズに乗り込むことができ「ようやく下半身の血の巡りがよくなったかな」と感じられた。なので、タクシーを降りてからは、今度こそ自分の足で球場入りできるだろうと考えていた。

公の場で初めて「左投げのピッカリ投法」を披露するのだから、復活をアピールする場であり、無様な姿は見せられない思いが強かった。そのためにも、タクシーを降りた後は歩いて球場入りしなければならないと思っていた。

ところが、自分の思惑は完全に外れていた。

タクシーから降りて立ち上がると、依然としてふらつきが治まらなかった。何とか球場玄関に向かおうと歩き出したのだが、あまりに弱々しい足取りを見て、大会関係者が抱きかかえるように支えてくれた。

それでも立ち続けることができず2度転倒してしまったところで、車椅子を用意してもらうことになった。あまりに寂しい球場入りになってしまった。

その一部始終を、球場入りを待ち構えていたTVカメラに撮られてしまった。情けなくはあったが、「現状を見せることがベストだ」と切り換えた。歩けなくてもマウンドに立つことさえできれば、見栄えは悪くても始球式を務められるだろうと開き直っていた。

一方で、自分の意思を押し通すつもりはまったくなかった。

久しぶりにお会いする全国学童野球振興協会の伊藤浩理事長が、自分の様子を見て止めるべきだと判断するのならば、彼に従おうと考えていた。

開会式では、車椅子に座ったまま挨拶を行い、最後に立ち上がって選手たちや大会関係者と集合写真を撮影した。その後、伊藤理事長からかけられた言葉は「無理をするなよ」だった。ならば自分ができる範囲で務め上げようと、いざ始球式に臨んだ。

集合写真を撮影する際にマウンドに立ってみたところ、今日の下半身の状態では傾斜に怖さを感じていたし、ステップは踏めないと判断するしかなかった。

マウンド前に移動し、審判のプレーボールの号令を確認。

左腕で帽子を脱ぎ去り、多少ふらつきながら捕手をめがけてボールを投げた。

何とか「左投げのピッカリ投法」の体裁だけは保つことができた。

再び車椅子に乗せられダイヤモンドを離れるときは、自分の思い描いていた始球式とはかけ離れていたことに、悔しさが込み上げていた。囲み会見で始球式の出来を聞かれ、「マイナス10点」と答えるしかなかった。

神宮球場にて「左投げのピッカリ投法」を何とか披露

だがその一方で、観客席から温かい拍手をもらえたのが心の底から嬉しかった。

久しぶりにグラウンドに足を踏み入れたことで、改めて野球の楽しさを味わえたし、ここが自分の居場所なんだと再確認することもできた。


始球式の後に行われた囲み会見では、すでにメディアの前で無様な姿をさらしてしまったものの、最後まで佐野慈紀らしさを貫くつもりだった。

会見中も笑顔を絶やさずジョークを飛ばし続けた後、「僕としてはこれをきっかけとして、もっとしっかり左腕で投げられ、キャッチボールもできるようになったら、また野球教室をやりたいなと思っています」と、改めて自分の目標を口にした。

もちろん究極の強がりだった。球場入りから始球式まで自分の姿を目撃し、自分の言葉に疑いを持ったメディアは少なくないだろう。実は自分自身も、目標を口にしながら胸中に複雑な感情が込み上げ、感極まっていた。


満足できる始球式ができなかったこと、そして前に進もうとする自分に襲いかかる、終わりの見えない感染症との闘い。目標の実現が難しいことを自分自身が一番理解している。それだけに「このまま目標を実現できないまま死を迎えるのかも」という不安、虚しさが駆け巡り、喋りながらいたたまれなくなってしまった。一応、メディアに悟られまいと必死に耐えたつもりだ。

だが、その後「最後にグラウンドに立ったのはいつ？」という質問を受けた。息子とキャッチボールしたのが最後だったことを思い出し、耐えきれず声を詰まらせてしまった。何とも感傷的な「左投げのピッカリ投法」初披露になってしまった。

始球式を終えた後は、腰の感染症の治療のため再び病院に戻り、寝たきり生活に戻った。症状は少しずつ改善していたものの、２０２５年の年明けも病院のベッドで迎えることとなった。

何とか切開手術は回避することができたが、また体力・筋力が衰えてしまったので、すぐに日常生活に復帰するのは難しい状況にある。またゼロからのスタートで、リハビリを続けながら、1日でも早く日常生活に戻ることを目指していくしかない。

これからも、糖尿病、感染症との闘いは続く。

これからも、前に進もうとする自分を追い落とそうとするだろう。

だが、少しでもネガティブに考えてしまえば、間違いなく自分は崩壊してしまう。

最後まで究極の強がりを貫き通し、人生というマウンドに上がり続けてみせる。

終　章

家族、そして
親友・野茂英雄に伝えたいこと

自分の中で起こった心境の変化

ＫＡＤＯＫＡＷＡさんから書籍化のオファーが届いたのは、右腕を切断し、長期入院生活を終えたばかりの２０２４年８月下旬のことだった。第１章でも記したように、自分の闘病生活が、同じ糖尿病に苦しむ人たちに少しでも勇気を与えられるなら、糖尿病の怖さを理解してもらえる一助になるならと、当初から前向きに捉えていた。

一方で、その内容は、あくまで糖尿病と闘っていることにとどめ、自分が起こした不祥事や、家族などプライベートな部分に関しては避けるべきと考えていた。そこに触れてしまうと、自分の都合で巻き込んでしまう人々が出てきてしまうし、さらなる迷惑をかけてしまいかねない。それには細心の注意を払うべきだと思っていた。

ただ、各章のエピソードからも分かるように、プライベートを切り離して語ることはできなかったし、それらを含めて自分は糖尿病と闘ってきたのだという思いが、次第に強くなっていた。

天涯孤独の境遇になったのは、自分が不甲斐ない人生を送ってきた結果だ。それを悔やんだところで何も変わらない。今は残された人生にもう一度真摯に向き合い、地道に、そしてひたむきに生活していきたいという思いだ。

これまで迷惑をかけ、不義理をしてしまった人たちに誠意をもって対応していかなければならないし、やらなければいけないことが山積している。

その一方で、この5年間は日常生活さえままならず、しかも障害者という立場になり、思い通りに進まない歯がゆさも味わっている。

1日も早く日常生活に復帰し、糖尿病と向き合いつつも、安定した収入を得られるルーティンを構築したいと考えている。だが、残念ながらオファーしてもらえる全ての仕事を引き受けられる状況にはなく、どうすべきなのか、何をすべきなのか、明確な答えが出せないまま試行錯誤の日々を過ごしている。

また、常に究極の強がりを前面に出してしまう性格である。これ以上、人に迷惑をかけないためにも、自分でできることは自分でやり、迷惑をかけた人たちに納得してもらった上で、もう一度、新たな関係性を築きたいという思いもある。

そうした思いが錯綜《さくそう》する中で、前章で記した始球式での出来事は、自分の心を大きく揺り動かした。「みんなに元気な姿を見せたい」「左投げのピッカリ投法を披露し、マウンド上からストライクを投げ込みたい」という願いはあっけなく瓦解し、無様な状態でグラウンドに立つことになった。自分の思い通りに物事を進められないことに悲嘆し、さらには、心の奥底で「死」への恐怖と向き合っていた。

もし、現在のような状態が続き、より深刻に死と向き合うような事態を迎えることになったとしたら、迷惑をかけた彼らに、最後まで自分の思いや謝罪を伝えられずに、この世から消えてしまうのではないかという不安を、拭い去ることができなくなった。

今も自分の中では、迷惑をかけてしまった人たちの前に立ち、不義理をしたままの状態で一方的に新たな関係性を求めるのは、あまりに都合が良すぎると考えている。

それならば、せめてこの場を借りて少しでも自分の思いを伝え、最低限の誠意を示すことはできないだろうか、と。

そうした心境の変化を経て、この章を加えることを決断した。

離れて暮らすようになった家族と、今も親友だと考えている野茂英雄に対しては、自分の思いをきちんと伝えておかねばならないと思い至った。もちろん自分勝手な思いをここに記したところで、彼らがどのように受け取ってくれるのかは定かではない。

ただ、この機会を失してしまうと、それこそ人生最大の不義理になってしまいかねない。こうして書籍の中に自分の思いを記しておくことで、いつの日か彼らの元へ届いてくれればと願っている。

正直な気持ちをさらけ出してしまえば、家族や野茂に対しては、今すぐにでも昔のように気軽に会える関係に戻りたい。

それが不可能になってしまっている状況と、こんな形でしか自分の思いを伝えられないことに、たとえようのない苦しみと悲しさを感じている。

野茂に対しても、そして家族に対しても、自分との思い出が悪い印象のまま終わってしまうのはあまりに寂しすぎるし、それだけは絶対に嫌だった。

繰り返しになってしまうが、自分の中で、これから10年、20年、30年と生きながらえる自信があったのなら、最後まで究極の強がりを貫き、本書を締めくくっていただろう。

だからといって、読者の皆さんには、ここに記すメッセージが、何か遺書めいたものだと後ろ向きに捉えてほしくはない。佐野慈紀が、今後の人生を生きていく上での決意表明だと受け取ってもらえれば幸いだ。

野茂の友情に報いることができず悔恨の日々

野茂に対する、借金不払い問題が世に広まった当初は、メディアの取材を受ける際に自分の不始末を謝罪するしかなかった。自分の弁明など受け入れられるものではないと理解していたので、心の底から反省の気持ちを伝えさせてもらった。
その後、1日でも早く借金を返済しなければという思いとは裏腹に、糖尿病の症状が進行し、入退院を繰り返す日々が続くようになってしまった。
今も自分ができる範囲内で返済を続けているが、完済の目処が立たないまま、現在も不義理をした状態が続いている。

前述したように、自分の偽らざる思いは、今すぐにでも野茂に会いたいし、昔のように一緒にバカをしたい。でも、その思いを口にしてしまえば、また野茂に迷惑をかけてしまうことになりかねないし、周りからは「会いたいと思うなら、やることをやってからにしろ」といわれても仕方がない。そのため、公の場では、基本的に野茂に関する話題は避けるようにしてきた。

自分の中では、今も変わることなく、不義理をしてしまった自分自身を悔いているし、本当に申し訳ない思いに苛まれている。これまで野茂が、自分に対して手を差し延べてくれたことを考えると、彼の思いに報いることができていない自分が本当に情けない限りだ。謝罪を口にするだけでは不十分過ぎるほどの温情を受けてきている。

今、神様が、これまでの経緯を気にすることなく、誰かと引き合わせてくれる機会を与えてくれるならば、真っ先に野茂のところに向かい、心から謝罪したい気持ちでいっぱいだ。

一度だけかけた野茂への電話

野茂の連絡先は、消去することなく今も保存し続けているのだが、糖尿病を発症して以降は連絡するのをためらうようになっていた。

だが、実は一度だけ彼に連絡したことがある。第2章で、2017年の冬に、最後の訪問機会になるのではと考え、アメリカ旅行を決行したことを記したが、その米国滞在中に連絡をとらせてもらったのだ。

野茂が、アメリカと日本を行き来しているのは知っていたし、アメリカにいるのであれば、人目を気にせず会うことができる。時間をつくってもらえるなら、1分でも構わないのできちんと面前で謝罪したい、との考えからだった。

自分の番号が以前とは変わっていたので、野茂が電話に応答してくれるかは半信半疑だった。だが、無事に繋がり「佐野です」と告げると、ちょっと驚いたように「あぁ」という声が返ってきた。その上で「今まで申し訳ありませんでした。実は今アメリカにいて、数日滞在するんですけど、会ってもらえませんか?」と伝えた。

ところが、野茂から返ってきた返事は「今、日本やねん」。

直接謝罪する機会は得られなかったものの、「今度、機会をつくってもらえれば、必ず謝りにいきます」と、自分の気持ちを伝えて電話を切った。

とにかく会いたい。ただ、それだけ

久々の野茂との電話を終えた後、改めて自分の置かれた状況について考えた。

それまでも、可能な範囲で返済は続けていたが、まだ完済もできていないのに、自分の都合で会ってほしいというのはおこがましいのでは、との思いが込み上げてきた。野茂の立場になって考えてみても、完済した上での謝罪ならば、素直に受け入れることもできるだろう。だが、完済できていない状態で一方的に謝罪されたとしても、どんな声をかければいいのか分からないはずだ。

結局、自分のやろうとしていることは、野茂のことを考慮した上での行動ではなく、自分の都合を優先した自己保身だという思いに帰結した。現状では、野茂に対して本当の意味で謝罪できる立場にないと考え、義理を果たせるまでは、こちらから連絡をとるのは控えようと決心した。

もし、野茂から連絡をもらい、彼の方から時間をつくってくれるというのであれば、いつでも、そしてどこへでも謝罪に向かうつもりだった。

だが、さらに過酷な糖尿病との闘いを強いられることになり、多くの時間を病院のベッドで過ごすことになった。野茂から連絡をもらったとしてもすぐには応じられないし、今もなおその状況が続いている。

こんな形で野茂に対する自分の思いを伝えさせてもらったが、このメッセージも、自己満足だと思われてしまうかもしれない。だが、今の自分にはこの方法しか思いつかなかった。何一つ先を見通せない状況だが、野茂への返済は一生かけて続けていかねばならない。

先ほどの野茂とのやりとりに、彼の素っ気なさを感じてしまう人がいるかもしれないが、そんなことは断じてない。突然かかってきた自分からの電話に対し、気分を害してもおかしくはないし、語気を強めて叱責してもおかしくなかった。なのに彼は、これまでと変わらぬ口調で応対してくれたのだ。彼の温情を感じとり、胸を熱くするしかなかった。

自分に対し、野茂がどんな感情を抱いているのかは分からない。だが自分にとって彼は、今も一番の親友であり続けている。人を介して、自分の思いが捻《ね》じ曲げられて野茂に伝わってほしくなかったこともあり、彼についての発言を控えてきた。

そして野茂も、自分との騒動に関して一切言葉を発していない。そのことにも、感謝してもしきれない思いでいっぱいだ。もし自分が彼の立場だったら、恨みの1つでも発しているかもしれない。しかし野茂は、その一線を越えずにいてくれている。あくまで自分勝手な思い込みでしかないが、彼は今も、自分を待ってくれているのだと信じている。


そうした彼の温情に報いるためにも、1日でも早く日常生活を取り戻し、しっかり完済した上で、連絡できるようになりたい。

とにかく会いたい。

ただ、それだけだ。

そして、不義理を続けてしまったことを心の底から謝りたい。

いきなり生活を乱してしまった家族への思い

最後に、家族への思いも綴っておきたい。

やはり、野茂と同様、本当に申し訳ないという思いしかない。

すでに記したように、家族には、野茂からの借金も、さらに収入が減り返済がままならなくなっていたことも、自分の口からは伝えていない。

報道によって知らされ、まさに青天の霹靂だっただろうし、突如として騒動に巻き込まれ戸惑いしかなかっただろう。そして、自分の裏切り行為に、信頼を失ったに違いない。

さらに、糖尿病が悪化し、心筋梗塞を起こして死地を彷徨《さまよ》う状況に追い込まれた自分を目の当たりにし、将来に不安を抱いたはずだ。愛想を尽かされても仕方がないと今も痛感している。

本来なら、離れて暮らすようになってからもずっと支えるべきなのに、それができない自分を不甲斐なく思っている。自分がしっかり働くことができさえすれば、それなりに支えることができただろう。それがままならない日々が数年も続いてしまっている現状に、申し訳ない気持ちしかない。

まだ、右腕を失うまでは、糖尿病の症状さえ安定すれば、またバリバリ働く思いが強かったし、また家族を支えていけると信じていた。

だが、右腕を失ってしまった今、どう足掻《あが》いても以前のように家族を支えるのが不可能になってしまった。

元妻とは、離れて暮らすようになってからは、事務的な連絡だけを取り合う間柄になってしまった。だが、子どもたちは、自分のような情けない父親を気遣って、母親に隠れながら連絡をし続けてくれている。これには感謝しかない。

すでに記しているが、右腕を失った後、精神的にかなり弱っていた自分の元に、娘が見舞いに来てくれた。胸が一杯になったし、改めて家族という存在が、自分を支えてくれていることを実感させられた。

今も糖尿病との闘いが続き、長らく日常生活さえままならない自分が、家族を満足に支えることはできないだろう。だが、子どもたちとの縁は永遠に消えることはないし、これからも自分の一生をかけて、支えていきたい気持ちは絶対に消えることはない。

本音をいえば、辛い入院生活を続ける中で、もっと子どもたちと会いたかったし、側で見守ってほしかった。間違いなく自分を奮い立たせてくれていたはずだ。

これからも、子どもたちの成長を支えに、前を向いていくつもりだ。

自分でまいてしまった種であり、思いもしなかった境遇に追いやってしまった家族に対しても、謝罪してもしきれない。

その一方で、自分に生きがいを与えてくれた子どもたちに感謝したいし、これからも、少しでもいいから、彼らに報いていければと考えている。

これが、究極の強がりの自分が今できる、心からの謝罪だ。

最後は私的な思いばかりになってしまったが、お付き合いいただきありがとうございました。

これからも精いっぱい、生きていきます。

糖尿病は恐ろしい。

健康第一。

みんなかがや毛〜!

2025年3月

佐野　慈紀

かがやもー

佐野慈紀

※左手にて執筆

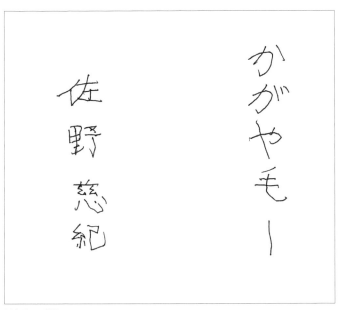

撮影　八尋研吾（PARABORA PHOTO）
写真提供　共同通信社、東京スポーツ新聞社
ブックデザイン　松坂　健（TwoThree）
撮影協力　ＮＰＯ法人全国学童野球振興協会
　ポップアスリート事務局
制作協力　株式会社サン・オフィス

本書は書き下ろしです。

佐野慈紀（さの　しげき）
1968年４月30日生まれ、愛媛県出身。本名：佐野重樹。松山商業高校３年の1986年夏に水口栄二らと甲子園準優勝。近畿大学工学部ではエースとして広島六大学リーグ10連覇を達成し、最優秀投手賞を４回受賞。90年ドラフト３位で近鉄バファローズへ入団し、中継ぎ投手として史上初の１億円プレイヤーとなるなど活躍。中日ドラゴンズ、オリックス・ブルーウェーブを経て2003年に現役引退。39歳で糖尿病を患い、感染症の転移により24年に右腕を切断。

右腕《みぎうで》を失《うしな》った野球人《やきゅうじん》

2025年５月１日　初版発行

著者／佐野慈紀《さのしげき》
構成／菊地慶剛《きくちよしたか》
発行者／山下直久
発行／株式会社KADOKAWA
〒102-8177　東京都千代田区富士見2-13-3
電話　0570-002-301（ナビダイヤル）

印刷・製本／株式会社ＤＮＰ出版プロダクツ

ISBN 978-4-04-115732-9　C0075